정의

정의
유럽 정신사의 기본 개념 4

지은이 엘리자베스 홀츠라이트너 | 옮긴이 서정일 | 처음 찍은 날 2014년 11월 20일 | 처음 펴낸 날 2014년 11월 28일 | 펴낸곳 이론과실천 | 펴낸이 김인미 | 등록 제10-1291호 | 주소 (121-842) 서울시 마포구 잔다리로 71 (서교동, 아내뜨빌딩) 503호 | 전화 02-714-9800 | 팩스 02-702-6655

Gerechtigkeit (Grundbegriffe der europäischen Geistesgeschichte, 10 vol)
edited by Konrad Paul Liessmann

ISBN 978-89-313-6058-5 04160
      978-89-313-6054-7 (전10권)

*값 9,800원
*잘못된 책은 바꿔 드립니다.

정의

Gerechtigkeit

콘라트 파울 리스만 편저

엘리자베스 홀츠라이트너 지음 | 서정일 옮김

이론과 실천

지은이 감사의 글

함께 읽고 토론하면서 조언해준 카티 다니엘치크, 게르하르트 루프, 마르쿠스 비테엘과 게어트라우트 레니체크, 알렉산더 조메크, 위르겐 발너, 유타 차루트에게 진심으로 고마움을 전한다. 도서관에서 열심히 참고서적을 찾아준 일리아 디프의 노고도 잊을 수 없다. 사랑이 충만한 '정의의 학교'에서 길러주신 부모님께도 감사를 드리며, 이 책을 두 분께 바친다.

일러두기

1. 각각의 인용문 뒤에는 원저에 관한 정보가 있다. 예) (플라톤 1991a, 202) 맨 뒤 참고 문헌에서 괄호 안의 저자와 해당 연도를 찾으면 자세한 책 정보를 확인할 수 있다.
2. 단어에 대한 이해를 돕고자 설명이 필요한 곳에 *표기를 하고 옮긴이 주를 두었다.

차례

왜 정의인가?

정의의 프로필

부록

왜 정의인가?

이상과 그 의미

●

이상과 그 의미

잘 알다시피 정의Gerechtigkeit는 논란이 많은 만큼이나 대단히 매혹적인 이상이다. 도대체 정의로운 것이 무엇인지 합의를 이루지 못한 경우도 많다. 물론 처음 접하면 정의의 문제에서 어떤 것이 중요한지 확인할 수 있다. 정의는 원래 사람들 간의 관계에서 중요한 의미를 가지며, 태도, 재산과 부채, 권리와 의무에서 서로 어떤 *책무*가 있는지 알려준다. 데이비드 흄(1751, 101)은 정의를 "조심스럽고", 심지어 "의심스러운 덕목"이라고 말한 바 있다. 왜냐하면 정의는 인간의 욕구와 이해가 서로 다르거나 똑같이 부족한 재화에 맞춰 살아가는 조건 속에 작용하기 때문이다. 이로 인해 발생하는 갈등상황 속에서 정의는 누구도 속이지 않는, 수용 가능한 타협안을 위해 노력한다. 아울러 정의의 요구를 넘어, 즉 도덕적으로 칭송할 만하지만 사람들이 정의를 내세워 서로 요구할 수 없는 행동양식과 태도가 무엇인지도 시사하고 있다. 그것은 바로 선의善意와 이웃 사랑, 자신에 대한 의무이다.

개인적 덕목과 제도화 요구

독일어 gerecht는 8세기까지 거슬러가며 처음에는 gerade(반듯한), richtig(올바른), passend(적합한)의 의미로 사용되었다. 중고지中高地 독일어*(1050~1350) 시대에 이르러 비로소 이 단어에 "법 감정에 상응하는"이라는 의미가 추가되었다.(클루게 2002, 348) 다른 언어권에서 사용된 개념들은 justice(영어, 프랑스어), iustitia(라틴어)와 dikaiosýne(그리스어) 등이다. 이 용어들은 한결같이 의미론적으로 정의와 법과 밀접하게 결합되어 있다. 그렇기 때문에 정의의 문제들이 법의 문제로 명시된 것은 놀랄 일이 아니다. 물론 정의 개념의 범위는 비단 법의 문제에만 한정되지는 않는다.

정의는 두 가지 기본의미에 적용되는데, 그것은 정의에 관한 가장 초기 저작들, 즉 플라톤(기원전 427~347)의『국가』와 아리스토텔레스(기원전 384~322)의『니코마코스 윤리학』에서도 찾아볼 수 있다. 첫 번째로 정의는 용기, 사려, 지혜와 함께 4대 기본덕목에 포함된다. 여기서 정의는 올바른 행동의 동기를 부여하는 개인의 태도를 나타낸다. 두 번째로 정의는 제도가 꼭 갖춰야 할 특성이자 제도의 규범적 요구사항으로 고안되었다. 철학자 존 롤스(1921~2002)는 정의를 "사회제도의 첫 번째 덕목"이라고까지 말한 바 있다.(1971, 19)

우리는 일단 *개인적 덕목*으로서의 정의를 살펴보도록 하겠다. 이 덕목들은 지극히 원론적으로 '교정'의 기능을 갖고 있다. 이것은 여

---

* 여러 어형 변화를 겪은 옛날 독일어를 말한다.

러 유혹이 숨겨져 있을 때, 동기가 결여되어 올바른 일을 행하지 못하도록 방해하거나, 그리하여 조정이 필요할 때 작용함을 의미한다. 4대 기본덕목 중에서 유독 정의라는 덕목에만 상반되는 덕목에 비추어 억제해야 하는 고유한 열정이 존재하지 않는다.(푸트 2002, 8) 각각의 특성에 맞게 용기에는 비겁함, 지혜에는 어리석음, 절제에는 탐욕이 걸림돌이 되는 반면, 거의 모든 욕망들은 사람들로 하여금 타인의 권리를 올바로 헤아리지 못하게 하면서 부정의하게 행동하도록 미혹하고 있다. 그러나 부정의한 행동을 유발하는 것은 감정만이 아니다. 때로는 정의의 요구에 따르지 않는 것이 우리에게 이익이 되거나, 도구적 의미에서 합리적으로 여겨지는 경우도 있다. 그리고 대부분 원래 의도 자체는 결코 부정의하게 행동하려는 것이 아니지만, 부정의를 가급적 자기 이익을 효율적으로 추구하려는 노력의 부작용쯤으로 받아들이곤 한다. 그렇기 때문에 존 롤스(2001, 27)는 합리적인 것과 이성적인 것을 구별하고, 이성적인 것을 정의에 봉사하는 것으로 설정했다. 즉 이성적으로 행동하는 사람은 타인에게 공평하게 귀속된 것을 언제나 자신의 이해관계와의 고민 속에 포함시킨다는 것이다.

이런 의미에서 어떤 사람이 당연히 실천적 덕목으로서 정의롭게 행동한다면 사람들은 그를 "완전한 의미로서" 정의롭다고 인정한다. 이것은 그가 "의무감에서"(칸트) 대립적 충동을 억누르는 것, 혹은 단지 습관적으로 부정의하게 행동하거나,(안스콤 1958, 238) 정직하지 않은 방법으로 이익을 챙길 수 없음을 의미할 수 있다. 그런 사람은 정당한 행동을 필요로 하는 상황을 인식할 줄 알고, 그에 대한 동기를 얻으며 올바르게 행동하는 성숙한 정의감을 가진 사람이다. 이로써 정의라는 덕목은 정의로움에 부합한 심성과 그로부터 비롯된 행동 등, 두 요소를 필요로 한다.

정의에 대한 요구를 비단 개인만이 아니라 특별히 제도에도 초점을 맞추는 이유는 무엇일까? 이 문제에 대한 답변은 "정의의 적용 조건들"(롤스 2001, 137 이하)의 지배를 받는, 인간 공동의 삶의 다양한 도전들 속에 있다. 이에 관해서는 무엇보다 전형적으로 유한하고 물질적 도움이 필요하며 상처 받기 쉬운 존재로서의 인간(오닐 1998, 515)이 처한 두 가지 상황을 생각해볼 수 있다. 객관적 조건, 즉 필요하고 절실히 원하는 재화의 결핍Knappheit이 첫 번째에 속한다. 결핍은 재화가 실제로 부족하기 때문에 발생한다. 물론 재화가 충분한 경우도 있겠지만, 그것을 필요로 하고 원하는 모든 사람이 사용할 수는 없다. 놀고먹는 세상에서는 결핍 문제는 없으며, 그래서 재화의 분배에서 정의에 대한 물음은 제기되지 않는다. 반면 사회적 고통인 결핍이 극심해질수록 정의의 기회는 줄어든다. 생존을 보장받을 수 없을 정도로 정당한 몫이 줄어들면 사람들은 정당한 방식으로는 자기 것이 아님에도 더 많은 것을 얻으려 할 것이다.

정의의 두 번째 적용조건은 주관적 유형이다. 자기 행복을 증진시키기 위해 필요한 것이 무엇인지에 관한 표상들은 아주 상이하며, 이를 통해 사람들은 모든 수단을 동원해서라도 이익을 실현하고자 한다. 가용한 자원을 둘러싼 경쟁적 요구들 때문에 갈등이 빚어지는데, 이 요구는 각자 모두 그에 대한 권리가 있다고 생각하기 때문이다. 물론 항상 그런 것은 아니다. 당사자가 이를 이해하지 못하는 것은 이해심이 없거나 무지하기 때문이 아니라, 롤스(2001. 68)가 그저 "판단의 짐"이라고 말한 결과 때문인 경우도 많다. 즉 인간의 사유 및 판단능력은 제한되어 있고, 특정 관점에 맞춰져 있으며, 바로 이 때문에 갈등과 올바른 해결책에 대한 필요성이 생긴다는 것이다.

두 가지 적용조건들은 모든 당사자들이 받아들일 해결책을 찾기 위해 정의의 문제들을 제도적 골격 위에 놓는 것이 타당하다고 여기게 만든다. 간단히 표현하면, 정의는 협력과 조정을 필요로 하며, 협력과 조정 역시 정의를 필요로 한다. 대체로 정의를 담보하거나 최소한 부정의를 완화하려는 노력은 광범위하며 아주 복잡한 과제이다. 이 과제는 특히 자원의 재분배를 통한 공동노력의 조정을 필요로 한다. 사회제도는 정의롭게 세워져야 하며, (그럼으로써) 정의로운 상황을 확립할 수 있다. 정의이론에서는 일반적으로 이 과제를 국가에 위임하고 있다. 국가는 힘을 모아 악(불의)을 없애도록 조정하고, 폐해들을 효과적으로 제거할 수 있도록 노력해야 한다. 국가의 현대적 특성상 국가야말로 이러한 역할에 적합하다. 그 이유는 국가의 행위가 민주적 정당성을 인정받고 있고 합법적으로 제정된 규정에 따라 운영되며, 법이 그 통치권에 속한 모든 사람들을 보호하는 의도를 갖고 있기 때문이다.

물론 오로지 국가만이 정의로운 상황을 만들려는 목적을 갖는 조정행위의 권한을 가진 유일한 단위는 아니다. 국가에 의해 보장된 "내적 정의"(롤스 2001. 34) 이외에도 국지적 정의와 글로벌 정의 등, 또 다른 두 영역이 있다. "국지적"(엘스터 1992)이라는 개념은 여러 의미를 갖고 있다. 이 개념은 재화가 분배되는 특수한 영역들, 예를 들면 의료보건제도와 관련될 수 있다. 또한 지자체나 지역과 같은 제한된 지리적 공간도 떠올릴 수 있다. 그리고 글로벌 영역에서는 국민국가나 초국가적 기업, 비정부기구NGO와 같은 글로벌 주체들 간의 국가를 초월한 국제적인 정의의 차원에 도달한다. 여기서 우리는 상호영향을 주고받으며 서로 의존하는 대단히 복잡한 네트워크와 얽히게 된다. 이 연결망이 얼마나 광범위한지를 우리는 2008년과 2009년, 고조된 국제금융시스템의 위기와 그로 인한 글로벌 경제위기의 사례에서 확인할 수 있었다. 논란이 있는 사례를 더 들면, 세계 경제가 크게 흔들린 것은 미국에서 개인 주택소유주들이 대출금을 갚을 수 없는 상황에 이르렀고, 은행들이 잠재적 비우량 대출금(서브프라임)을 자산 가치로 간주하여 비싸게 처분했기 때문에 발생한 것이다. 이러한 글로벌 문제들은 글로벌적 해결책을 절실히 필요로 한다. 물론 그 해결책이 있다면 말이다.

기본 척도: 평등과 공평

어떤 사람에게 어떤 것을 정당한 방식으로 귀속시킬 것인가에 관한 갈등을 어떤 방법으로 처리해야 하는가? 이 문제를 판단할 수 있는 척도는 무엇인가? 이 문제를 처음 접한다면 우선 고대부터 익히 알려진 정의에 관한 문구들을 참조할 수 있다. 플라톤에게서 그리스 시인 시모니데스(기원전 557~467)의 유명한 표현을 발견할 수 있다. 이에 따르면 정의는 "각자에게 자신의 몫"을 주는 것이다. 이와 달리 아리스토텔레스는 평등Gleichheit의 가치를 정의의 핵심으로 강조했다. 그 기본적 법칙은 동등한 것Gleiches은 동등하게, 동등하지 않은 것Ungleiches은 동등하지 않게 다루는 데 있다. 물론 이 두 경우에서는 즉각 다음과 같은 물음들이 제기되기 때문에 이 문제는 다른 방향으로 옮겨지기도 한다. 즉 어느 사람에게 "그의 몫"이라고 허용할 수 있는 것을 어떻게 결정할 것인가? 그리고 어떤 기준에 따라 어떤 것이 "동등한 것"이며, 동등한 것으로 다룬다는 말인가? "동등한 것"이라는 것도 "동일한 것"을 의미하는 것이 아니라 "상대적 관점에서 동등하다"는 의미이다. 어떤 것을 동등하다고 인정하는 것은 저절로 혹은 자연적으로 생긴 것이 아니라, 언제나 인간의 판단과 평가의 결과물이기 때문이다.

오늘날에는 결코 무시할 수 없는 기본조건이 있다. 모든 인간을 인간으로서 평등하게 인정하는 것이 바로 그 조건이다. 따라서 사람이라면 누구나 똑같이 존중과 배려의 대상으로서의 권리를 가진다.(드워킨 1977. 439) 그렇기 때문에 현대의 사고방식에 따르면, 정의는 개인의 도덕적 평가와는 무관한 이유들, 즉 성이나 피부색, 종교와 세계관, 연령, 성 취향, 장애, 사회신분에 따라 부당하고 불평등하게 대우하는 것을 금하고 있는 것이다.

물론 동등하게 존중하고 배려하라는 법칙에서 형식적으로 동등하게 대우하라는 요구가 항상 뒤따르는 것은 아니다. 재화의 분배에서는 오히려 특정한 개인적·구조적·사회적 특수성이 고려되어야 한다. 이는 물질적 평등을 만듦으로써 정당한 결과에 도달하기 위

해 다양하게 대우해야 한다는 의미로 귀결될 수 있다. 쉽게 이 사
실을 보여주는 것이 장애의 경우이다. 교육이나 공공 부문처럼 장
애인에게만 꼭 필요한 것을 고려하지 않는다면, 적절하고 정당한
관계라 할 수 없다.

그 밖에 다양한 관계들 속에서도, 예컨대 성의 차이나 문화의 차
이에서 보듯 정의의 조건으로서 특수성을 인정하는 것에 관한 논
의가 이루어지고 있다. 형식적 정의는 자신의 권력 지위 때문에 스
스로를 척도로 여기는—그러나 이것을 전혀 깨닫지 못하는—사람
들에게 특권을 부여하는 기준이라는 비판을 받는다. 따라서 "각자
에게 자신의 것"을 허용하라는 플라톤적 요구는 정의 원칙에 대한
적절한 적용을 충분히 담고 있다. 물론 어떤 관점에서 동등하고
혹은 그렇지 않은지에 관한 물음과 마찬가지로 그것이 정확히 무
엇인지에 대해서는 논란의 여지가 있다. 이러한 유형의 물음에 관
한 협의에서 가능한 모든 당사자의 뜻을 묻고 그들이 속할 공간
을 부여하는 것이 민주적 담론의 과제이다.

평등의 법칙에는 *공평Unparteilichkeit의 기준*들도 포함된다. 이에
따르면 정의의 규정에 관한 논증이나 적용에서 편파적 이해를 끌
어들여선 안 된다. 이것은 정의의 규범들이 공평하게 적용되어야
함을 의미한다(그 규범을 적용함에 있어서 절대 자의적으로 행해져서도 안 된
다). 편파적 규범을 공평하게 적용하는 것 역시 정당하지 않기 때문
에, 정의의 규범 역시 공평하게 확립되어야 한다. 하나의 규범이 공
평하게 확립되고 적용되는지를 가늠하는 중요한 척도는 규범의
*보편적 응용 가능성*이다. 예를 들면 보편성은 임마누엘 칸트의 정

언명령 속에서 엿볼 수 있는데, 이에 따르면 규칙은 보편적 법칙이라고 여겨질 때만이 정당화될 수 있다.(칸트 1785/86, 51)

기본 형태들

정의는 상황에 따라 다양한 특징으로 나타난다. 적용할 수 있는 사회적 관계에 따라 정의를 분류해 보면 다음과 같다. 즉 인간의 지배관계(정치적 정의), 자산의 분배 및 증식(사회적 정의), 부정의한 상황의 조정(교정적 정의)이 그것이다. 이 밖에도 정의의 문제에 관한 갈등들을 해결하는 방법도 고려대상이 된다(절차의 정의).

*정치적 정의*는 국지적, 국가적, 글로벌적인 것이든 지배관계의 정당성과 관련이 있다. 정치적 정의는 정치제도의 정당한 확립과 정치 권력의 제약에 관한 문제를 다룬다. 국가는 어떤 것을 정당한 방법으로 규제하는가? 인간 공동체의 과제는 무엇이며, 개별 인간에게는 무엇을 위임해야 하는가? 제도적으로 승인 받은 권력자에 대해 사람들에게는 어떤 의무와 권리가 귀속되어야 하는가? 현대 자유민주주의 체제에서는 평등사상이 전적으로 중요한 역할을 행사한다. 모든 시민은 동등한 정치적 권리를 가지며, 이로써 법적·정치적 상황에 대한 책임을 질 수 있다.

*사회적 정의*에서는 담당 중개자를 통한 배분(분배 정의 *iustitia distributiva*)이든, 자유시장을 통한 이윤 획득(교환 정의 *iustitia commutativa*)이든 간에 자원에의 정당한 접근 문제가 중요하다. 여

기서 가장 중요한 핵심은, 예컨대 어떤 조건과 기준에 따라 재화
를 획득하고 나누느냐 하는 것이다. 재화의 분배에서 이것은 수요
와 소득이 될 수 있는데, 가치가 동등한 것을 교환하거나 시장에
서 특정 가격을 지불하려는 의향이 그것이다. 더 나아가 분배 정의
와 교환 정의의 문제도 제기된다. 각 개인에게 (돈과 같은) 교환가치
를 개별적으로 공급하는 것과 상관없이 특정 물건을 시장에서 (광
범위하게) 빼내어 인간의 기본욕구를 충족시켜도 된다는 것인가? 이
러한 유형의 문제들은 소위 기본적 보장과의 연관성 속에서, 의료
재화의 배분에서도 논쟁의 대상이 될 수 있다.

　무엇보다 정당한 교환이 가능한 조건을 만드는 과제를 분배 정
의에 부여하는 것은 여러 면에서 논란의 소지가 있다. 배분적 정의
라는 개념은 여기서 명확히 이해하기 쉽지 않지만, 이 개념은 재화
만이 아니라, 정치적 권리와 의무도 내포하고 있다. 따라서 동일한
조건하의 경쟁을 보장하는 조건들을 만들기 위해서는 기본적 권
리와 재화의 분배가 무엇보다 필요하다. 이러한 관점에서 보면 배
분적 정의가 우선시된다.(예컨대 고제파트 2004, 84 이하) 반면 오트프리트 회
페(2007, 68 이하)는 교환 정의 및 그와 연관된 재화와 성과의 동등가치
원칙을 우선시한다. 그 이유는 노동을 통해 얻어진 것만이 분배될
수 있다고 보기 때문이다. 따라서 회페는 사회복지를 시대에 따라
응용할 수 있는 교환과정으로 해석할 것을 제안한다. 사회적 협력
의 틀 내에서 재화와 성과를 생산하고 제공하는 사람들에게 이 성
과들을, 예컨대 아이들이나 사회적으로 도움이 필요한 환자나 장
애인 혹은 노인으로 스스로 의지할 데 없는 사람들이 받는 도움과

교환하게 하는 것이다.

특히 논란의 여지가 많은 부분은 *교정적 정의*를 통해서 부정의한 상황을 조정하는 것이다. 그 기준은 어떤 사람이 부당한 침해 때문에 고통 받는 것에 주목하여 알맞게 조율하는 것이다. 동시에 여기서는 개인의 신체, 생명, 소유권 그리고 명예에 대한 훼손도 다룬다. 이로써 피해를 입은 개인에 대한 책임 문제가 발생한다. 책임은 두 가지 차원으로 나뉜다. 첫째는 피해가 어느 정도이든 다시 보상해야 한다는 의무 관념이 발생한다. 물론 보상을 충분한 조치로 볼 수 없는 경우도 많다. 둘째는 심각한 훼손의 경우 처벌의 필요성이 고려된다(형벌의 정의Strafgerechtigkeit). 옛날에는 원래 보복의 요구가 강했으나, 오늘날에는 예방과 보상의 관념이 중심을 이루고 있다.

마지막으로 과연 어떠한 방식으로 정당한 결과를 낳을 수 있을까 하는 물음이 여전히 제기된다. 재화의 분배라든가 부정의한 상황의 해소와 같은 구체적 사례의 경우 저절로 결론이 도출되지 않는다. 이 같은 경우에는 오히려 *절차*들이 필요한데, 이 절차의 틀 안에서 최소한 정당한 결과를 얻으려는 노력이 가능하기 때문이다. 문제에 따라 절차는 다양하게 기획되어야 한다. 선결과제는 그때그때마다 절차의 기본구상과 요구를 완전히 이해하지 못하는 사람들도 결론을 인정하며 받아들이게 하는 데 있다. 예컨대 자신의 현안을 결정하는 과정에 참여하는 문제와 관련된 개인의 모든 가능성도 절차의 정당성을 위한 본질적 조건에 속한다(참여). 이 원칙은 형사 및 민사소송 제도화와 정치적 결정의 절차 완성에도 적용된다. 여기서 사법행위의 핵심 요구로서의 공평의 원칙이 재차 중요한 역할을 한다.

법률제도의 영역에서 *불완전한 절차의 정의*에 관해 언급할 수 있다. 그것은 절차 자체를 공정하고 적절하게 계획하고 모든 규정을 준수했더라도 부당한 결과가 나올 수 있기 때문이다. 보편적 사례가 신을 조롱하고 젊은이를 현혹했다는 이유로 사형판결을 내린 소크라테스에 대한 재판이다. 이 재판은 당시 기준에 따르면 형식적으로 적법한 절차에 따른 것이었으나 내용상으로는 완전한 오심이었다.(스톤 1990) 게다가 오늘날 관점에서 사형제도 자체가 잘못이기에 이 판결은 부당하다고 볼 수 있다.

반면에 *완전한 절차의 정의*의 경우는 시행해야 할 방법이나 기준을 제시함으로써 윤곽을 드러내고 있다. 여러 사람이 한 개의 케이크를 나누어 먹어야 하는 상황이 그 예이다. 문제는 각자가 가능한 큰 몫을 얻는 데 관심을 집중한다는 점이다. 이 상황에서 케이크를 자르는 사람이 자기 몫을 맨 마지막에 받게 함으로써 문제는 해결된다. 모든 사람이 케이크의 조각을 모두 똑같은 크기로 잘라야만 가질 수 있는 몫이 가장 커진다.(롤스 1971, 106)

이상과 학문들

여러 학문 분야들이 정의의 문제에 몰두하고 있다. 정의는 *철학*의 가장 오랜 주제에 속한다. 철학은 처음부터 정의로움을 행하는 것이 어떤 의미인지 적절한 공식을 확립하기 위해 노력해왔다. 이 문제는 사회제도와 마찬가지로 개개인과 그의 마음가짐 그리고 행동에 비추어 제기되었다. 처음에(그리고 역사가 흐르면서 또다시) 철학에 대한 이해는 종교적 담론의 영향 하에 있었다. 즉 정의의 문제는 신의 뜻을 미리 나타낸다는 의미를 안고 점차 *신학*이 넘겨받았으며, 이후 정의에 관한 철학적 논쟁은 신학으로부터 해방되었다.

철학적 논쟁은 논증 담론과 응용 담론으로 구분된다. 논증 *담론*은 정의에 관해 어떻게 사유해야 하며, 어떤 것을 정의 원칙의 근거로 삼을지, 특히 어떤 원칙을 내세울 것인지 제언하고 있다. 예컨대 동등하게 존중하고 고려해야 할 것은 무엇이며, 교환될 수 있는 재화의 동일한 가치를 규정하는 문제 등이 그것이다. 이러한 기본 구상들은 사회적 정의와 정치적 정의의 광범위한 이론들과 결합될 수 있다(예컨대 평등주의와 자유주의의 단초들; 즉 자유주의와 코뮌주의). 이에 비해 응용 *담론*에서는 개별적 정의의 문제들을 경우에 따라 다양한 이론에 비추어 다루고 있다. 이를테면 국가의 지원을 통한 의료체계의 재정 조달을 위해 개별 집단에 대한 조세 부담액을 인상해야 하는가? 어떠한 방식으로 부족한 의료 재원을 분배해야 하는가? 인도주의 입장에서 비극적 참사를 막기 위한 '인도주의적 개입'이라는 명분의 군사 개입은 정당화될 수 있는가? 즉 실제로 '정의로운 전쟁'은 존재하는가? 등의 문제가 그것이다.

*법철학*에서 정의가 갖는 가치에 대한 고전적 물음을 던진다면, 규범적 영역에서도 논의할 수 있을 것이다. 법은 정의로운 상황을 만드는 것을 목적으로 하는가? 아니면 어떤 정치적 목적을 가능한 효

율적으로 추구하는 도구에 불과한가? 이로써 더 폭넓은 물음과 연결된다. 즉 개별적 법 규정들이—혹은 전체 법질서가—대단히 부정의하다면 어떤 결론을 내야 하는가? 그렇다면, 어떤 기준에 따라 이것을 평가해야 하는가? 심각할 정도로 부정의한 법에 맞선 저항이 정당화될 수 있으며, 인정받을 수 있는 범위는 과연 어디까지인가?

정의는 *정치학*에서와 마찬가지로 국내 및 국제정치에서도 중요한 역할을 한다. 정치학은 단순히 경험적 학문만이 아니라 규범 학문으로 이해되며, 특히 정치철학과의 연결 지점에 있기 때문이다. *의학*에서는 의료재화의 분배에서 정의의 문제가 제기된다. 여기서는 특히 고가高價의 치료를 행하는 것이 정당화될 수 있는지 그 판단 기준을 의학이 임의로 정할 수 있는가가 진정한 의학적 문제이다.

이러한 규범적 단초들과 달리, 최근 수십 년 동안 화두로 떠오른 *경험론적 정의 연구*는 실제로 사회 속에 현존하는 정의로운 행동의 계기와 그와 관련된 문제에 관심을 기울이고 있다. 특정한 정의의 관점을 어떻게 가질 수 있을까? 이 문제를 좌우하는 사회적 조건이나 정치적 조건들은 있는가? 일상에서 정의에 관한 사유들은 어떤 가치를 갖는가?(리비히/렝펠트 2002, 8: 경험론적 정의 연구와 규범이론의 혼합에 관해서는 밀러 1999를 참조)

마지막으로 정의 테마는 *대중문화*와 *고급문화*에서도 다루어지기에 이른다. 예를 들면 배신과 잔혹함을 통해 부정의의 주제를 가장 잘 정리한 여성 철학자, 주디스 슈클라(1984, 1)는 추상적인 철학논문보다 (고전)문학작품에서 정의의 문제를 찾아 언급한 바 있다. 이를 통해 독자적 법학교육의 한 분야가 개발되어 미국 대학에서 강좌가 개설되기 시작했는데, 새로운 세대 법학도들의 판단력을 기르기 위해 '법과 문학'이라는 제목으로 문학작품과의 토론이 도입된 것이다.

이상은 공허한 수식어에 불과한가?

우리 사회에 확산된 정의 논쟁에서 특징적인 것은 이따금 대중들에게 큰 실망을 느끼게 한다는 사실이다. 즉 사람들은 다양한 관점에서 법과 정의가 (더 이상) 아무 관련이 없다는 인상을 갖게 되었으며, 그렇다고 목소리를 높여 말하곤 한다. 물론 수많은 정치적 요청들은 정의를 위해 더욱 노력해야 한다고 요구하고 있다. 그러나 사람들은 그 약속이 지켜지리라는 믿음을 잃어가고 있다. 정의라는 말은 각 정치적 당파의 진영으로 사람들을 끌어모으려는 공허한 수식어로 여겨지는 듯하다.(뫼링 헤세 2005a. 5) 신뢰가 사라지는 것도 문제이지만, 그럼에도 정의로운 상황을 실현하는 짐 가운데 가장 큰 몫을 짊어져야 하는 것이 바로 법과 정치이다. 민주적이고 합법적 기구 이외에 대체 누가 전반적인 척도 내에서 정의로운 상황을 만들려는 노력을 기울일 수 있겠는가? 이 과제는 그에 상응한 노력을 통해 권위를 증명해야 한다. 정의로운 상황을 제도적으로 정착시키는 것은 제도에 맞는 규정을 만들고 적용하는 쪽과 자신의 이익을 추구하기 위해 제도를 요구하는 쪽 등 모든 당사자의 공동노력이 필요하다.

이러한 노력이 갖는 공동의 *성격*에 비추어 참조해야 할 점은, 정의를 그리 단순하게 적용할 수 없다는 사실이다. 즉 모든 이들이 그때그때마다 각각 다른 방식으로 정의롭게 행동한다고 믿는다면, 정의로운 상황도, 정의로운 결과도 있을 수 없다. 예를 들면 포도주 통을 나르는 실다 마을 주민들*의 유명한 이야기가 그것이다. 포도주 통을 받아가는 사람이 포도주 맛을 보려 했을 때, 모든 포도주 통이 물로 채워져 있음이 드러난다. 마을 주민 모두가 다른 사람이 포도를 넣을 것이라고 생각했기 때문이다. 노력하지 않고 이익을 보려는 것은 공평하지 않을 뿐만 아니라, 궁극적으로는 원래의 조건들마저 망치는 것이다.

---

* '실다(Schilda) 마을 사람들 이야기'는 독일에 전해 내려오는 옛이야기이다. 지혜롭고 똑똑한 고대 그리스 사람들의 이야기를 토대로 하였으며, 인간의 지식에 대한 허구성을 비판하는 내용을 담고 있다.

정의의 프로필

—

제1장

정의의 역사

이 장에서는 수 세기 동안 유럽 정신사에 나타난 정의 문제를 포괄적으로 다루고자 하는데, 소피스트들과 플라톤, 아리스토텔레스와 함께 고대 그리스부터 시작할 것이다. 이어 역사는 중세의 사상으로 넘어간다. 중세 사상은 직접적으로 고대 시대의 개념과 접목되지만 그리스도교 사상을 받아들임으로써 독자적 전환점을 맞았다. 근대 사상의 초점은 더욱 확장되어, 평등한 자유라는 주제로 사상의 중심이 옮겨졌다. 이 사상은 인간이라면 누구나 태어날 때부터 동등한 존엄과 권리를 갖고 있으며, 정의는 이 사상을 간직해야 한다는 계몽주의의 전제에 따라 이행되었다.

19세기는 공리주의 등장과 '사회문제'가 첨예화됨에 따라 사회정의에 관한 논쟁들이 뜨겁게 제기되었으며, 새로운 형태의 근본적 비판이 이어졌다. 이러한 비판을 가장 확연하게 보여준 것이 마르크스주의 저작들이다. 현대 세계에서 나타나는 사회적 부富, 기회와 위험 요인의 분배에 관한 문제가 정의에 관한 일체 논쟁들의 끊임없는 도전으로 나타나고 있다.

고대 그리스와 로마

처음부터 우주론이나 신과 관련된 정의 사상이 있었을 것이다. 이 사상은 인간의 행동으로 함부로 할 수 없는 어떤 영역을 미리 정해

놓은 특별한 자연법이 있었을 것이라는 관념에 근거한다. 이 관념
에 따르면, 신의 계명과 금지를 깨닫고 그것을 마땅히 지키는 것이
사람이 해야 할 과제라는 것이다. 안티고네가 자신의 오빠, 폴리네
이케스의 시신屍身을 장사 지내지 못하게 한 테베의 크레온 왕에게
맞서면서 내세운 명분은 "어제오늘 만들어진 것이 아닌"(소포클레스, 『안
티고네』, 471절 이하), 확고부동하고 "불문율과 같은 신의 계명"이다. 따라
서 정의는 종교와 구분될 수 없으며, 지배적 상황을 교정하기 위해
서는 종교에 의해 적용되기도 한다.

반면 소피스트인 프로타고라스(기원전 490~411)는 "인간이 만물의
척도"라고 정의했으며, 불가항력인 듯 보이는 신학적·형이상학적
규정으로부터의 해방을 위한 의지에 초점을 두었다. 모든 것은 문
제를 제기할 수 있고 제기해야 하는 대상이며, 어떠한 인식도 스스
로 진리이며 옳다고 주장할 수 없다. 이에 따라 소피스트들의 기법
은 모든 대상을 사유할 수 있는 관점에 따라 바라보고, 개연성 있
는 모든 결과들을 위한 설득력 있는 논증을 찾는 데 있었다. 정의
역시 이 방법에 따라 사유되었다.

철학적 관점은 정의의 원천으로 간주되며, 두 가지 관점으로 구
분된다. 첫째, 정의로운 것은 자연과 신 또는 질서Kosmos에 의해 미
리 정해진 것이고, (오로지) 인간에게만 규정된 것thesis이라는 관점이
며, 둘째, 정의로운 것은 전통과 관습에서부터 비롯된 것nomos이라
는 관점이다.(호른/스카라노 2002, 20) 두 번째 관점을 수용할 여지가 생긴
것은 자신과 다른 정의관을 표방한 타 문화권과 그리스인들과의
접촉 때문이었다. 원칙적으로 이 차이들은 두 가지 유형에서, 즉 첫

번째는 확정되고 속일 수 없는 정의의 원칙과의 갈등으로, 두 번째
는 사람들 스스로 더불어 사는 원칙과 규칙을 만들도록 한 합법
적인 다양성의 표현으로 해석된다.

그러나 자연에 근거하면 아주 다양한 결과가 나온다. 칼리클레
스는 자연에서 강자에게 특권을 부여하는 것만이 정당하다는 원
칙을 이끌어낸다. 강자야말로 그 권력과 힘으로 공동체를 움직이
기 때문이라는 것이다. 이러한 관점에서 칼리클레스는 당대의 법질
서를 비판한다. 당대의 법질서가 약자에게 너무 많은 것을 양보한
다고 생각했기 때문이다. 안티폰도 자연을 근거로 삼았지만, 이와
정반대의 명제를 내세웠다. 안티폰이 민주적 관점에서 법률을 비판
한 것은 법이 모든 인간의 자연적 평등을 해치고 있다고 보았기 때
문이다. 분명한 점은 두 사람 모두 자신의 관념을 자의적으로 펼치
기 전에 이미 자연에서 그 근거를 두었다는 사실이다.

그러나 이러한 대립적 입장은 정의의 원천이나 내용에 관한 것
이 아니라 더 깊이 나아간다. 빈정대는 어조로, 대체 정의로운 것
이 어떤 의미가 있느냐 하는 지극히 근본적인 문제가 제기된다. 폴
로스는 부정의함을 겪는 것보다 부정의한 행동이 더 "아름답지 못
하다."고 생각했다. 그러나 이와 반대로 칼리클레스는 언제나 손해
를 보는 것은 아름답지 못하며, 전적으로 분명히 부당함을 당하는
것 역시 아름답지 못하다고 반박한다. 즉 정의롭지 않게 행동하는
사람은 그로 인해 이익을 얻는 경우가 많으며, 이것은 절대 나쁘지
않다고 말하면서 플라톤을 인용한다.(『고르기아스』 482c4~484b1) 플라톤의
대화편에서 소크라테스(기원전 469~399)는 냉소적이고 자기중심적인

태도를 극복하기 위해 모든 논증의 역량을 쏟았다. 소크라테스는 소피스트들의 일체의 반론에 맞서, 예외 없이 정당한 행동을 취할 것을 주장했다. 그러나 어떤 경우든 유용한 결과를 초래하고, 그래서 약삭빠르기 때문이 아닌, 그 *자체*로 선하기 때문에 그래야 한다는 것이다.(플라톤, 「국가」 358a)

플라톤에게 정의는 지고의 덕목이다. 더욱이 현상의 형식으로 모든 덕목의 평가기준인, 보편적 규범으로서의 선의 관념만이 그 위에 있을 뿐이다.(데만트 1999, 59) 정의는 때로는 세 가지 영혼의 힘 사이의 균형을 만드는 과제를 떠맡는데, 이 세 영혼의 힘은 각각 하나의 덕목에 귀속된다. 즉 지혜는 이성, 용기는 결단력, 절제는 열망에 귀속된다. 또한 정의는 매개하는 심급審級이다. 정의는 이 세 개의 근원적 힘이 각각 최상으로 적용되도록 돕는다.

따라서 정의는 질서정연한 상태를 일컫기도 한다. 그것은 개개인의 영혼만이 아니라 정치를 위해서도 그렇다. 플라톤은 정의에서 중요한 것이 무엇인지 비유 형식을 통해 예를 든다. 플라톤은 정의를 "가장 위대한 대상으로서의 국가"(「국가」 368e)로 간주한다. 여기서 플라톤은 핵심에 도달한다. 그가 보기에 국가의 선은 "모든 사람이 자신이 가장 잘 할 수 있는 일을 하게 하는 것"이다. 즉 사람들이 각자 자기 일을 하고 자신과 상관없는 일에 개입하지 않는 것이다.(「국가」 433a-e) 그렇게 될 때만이 잘 계획된 질서가 기능을 발휘하고 정의가 확립된다.

통치자는 법률소송을 중재할 때 이 원칙들이 지켜지도록 독려해야 한다. 통치자들은 판결을 내릴 때 "그 누구에게도 익숙하지 않

은 일을 맡기거나, 그의 소유물을 빼앗지 않도록"(『국가』 433e) 노력해
야 한다. 통치자의 권력은 그의 행위의 적용을 받는 당사자에게 유
용한 결과를 끼치는 범위 내에서만 국한해야 한다. 공직은 이에 대
해 책임을 갖고 정의롭게 수행함으로써 정당한 통치의 근간이 되
도록 한다. 이러한 인식은 정의 없이 유지된 전통적·귀족적 명예관
名譽觀과 대조를 이룬다.(뵈켄푀르데 2002, 77)

  플라톤은 입법 정의의 문제, 폴리스Polis의 훌륭한 질서와 영혼의
힘의 내적인 조화에 대해서도 상세히 다루었다. 반면 사람들 간의
관계는 교환관계 속에 희미하게 뒤섞어놓았다. 따라서 정의에 관
한 정교한 이론을 처음 전개시킨 것은 그의 제자 아리스토텔레스
의 업적이었다. 그 이론은 『니코마코스 윤리학』 제5장에서 발견되
며, 오늘날까지 통용되는 개념들을 확립하였다. 무엇보다 아리스
토텔레스는 완전한 덕목으로서의 보편적 정의를 개별적 정의와 구
분함으로써 아주 근본적인 차별성을 제시한다. 두 유형의 정의에
서 공통적인 것은, 원칙적으로 인간의 상호관계와 관련이 있다는
점이다.(『니코마코스 윤리학』 1129b) 정의가 모든 다른 덕목과 구별되는 점이
여기에 있다.

  법을 존중하는 사람은 *보편적 정의*의 의미에서 정의롭게 행동한
다. 이것은 어떻게 이해되는가? 아리스토텔레스는 보다 넓은 입법
개념을 사용한다. 즉 그것은 인간 입법자가 규정한 것이 아니라,
확증된 사회적 전통과 마찬가지로 자연적이고 신적인 원천으로 인
정하는 법률이다. 여기서 정의는, '품성'의 완전한 선으로 포괄적으
로 해석된다. 이러한 이유에서 아리스토텔레스는 정의를 중요한 덕

목으로 여기는 견해에 동의한다. 그리하여 그는 "저녁별이나 새벽별도 정의보다 경이롭지 못하다."고 선언한다.(『니코마코스 윤리학』 1129b)

아리스토텔레스는 정의를 보편적 덕목으로 보는 관점에서 *개별적 정의*를 구분하였는데, 바로 이 점이 그의 핵심적 혁신으로 간주된다.(빈 1995, 138) 개별적 정의는 재화가 적절히 분배될 때 비로소 실현된다. 여기서 두 가지 차원을 유념할 필요가 있다. 하나는 배분적 정의의 의미에서 재화의 분배이며, 다른 하나는 평균적 정의의 의미, 계약 관계 영역에서의 재화의 교환이다.

분배적 정의는 공적 재화, 즉 공직이나 물질적 재화 혹은 공적 명망을 어떻게 배분할 것인가 하는 문제이다. 아리스토텔레스에게 이것을 분배하는 척도는 가치이며, 이것을 존중할 때 비로소 적절한 조치라고 말할 수 있다. 명망이 똑같은 사람은 똑같은 재화를 갖는다. 물론 관점에 따라 명망의 동일함과 그렇지 않음을 확인하기 위한 다른 기준을 끌어들일 수도 있다. 아리스토텔레스의 관찰은 다양한 정치 체제의 추종자들과 이에 따른 인식과 연관이 있다. "분배에서 정의로운 것은 가치 유형에 따라 이루어져야 한다는 데에는 모든 사람이 동의하지만, 그럼에도 모든 사람이 동일한 것을 가치라고 주장하는 것은 아니다. 민주주의자들은 자유민의 신분을 가치라고 말하고, 과두정치 지지자들은 부(富)나 좋은 혈통을, 귀족정치를 신봉하는 사람들은 성품의 선함을 가치라고 말한다."(『니코마코스 윤리학』 1131a)

우리가 사람들 간의 *계약 관계에서* 정의의 문제를 본다면, 개인의 명망이나 신분은 아무 역할도 하지 못할 것이다. 여기서는 오로지 교환되는 재화의 가치만이, 경우에 따라 은밀하거나 강압적 침해에 의한 강제적 관계에서는 손해 금액만이 중요할 것이다. 물론 그 목적은 각각 똑같은 가치를 만드는 데 있다. 이에 따르면, 모든 가치는 그것이 산출하는 것과 같은 금액을 내포할 때에만 교환은 정당하다.(「니코마코스 윤리학」 1132b)

정의 혹은 정의의 실현을 아리스토텔레스는 부정의한 일을 하는 것과 부정의한 일을 당하는 것 사이의 중간이라고 규정한다. 확실히 여기서는 단순히 올바름에 대한 인간의 덕목과 태도가 중요한 것이 아니다. 아리스토텔레스는 정당하거나 부당하다고 분류할 수 있는 행동과 결과에 주목한다. 더 나아가 그는 정의를 개인의 기본적 태도라고 규정한다. 그것은 누군가가 자발적으로 정의롭게 행동하는 데 있다. 행동과 태도는 서로 어떤 관계일까? 아리스토텔레스는 "그 때문에 부정하지 않고서" 부정의를 행할 가능성을 강조한다.(「니코마코스 윤리학」 1134a) 어떤 행동은, 그것이 자유로운 결단에 의한 것일 때에만 정당하거나 그렇지 않다고 일컬을 수 있다. 이러한 의미에서 정당한 의도가 있을 때에만 그 행동은 정당하다. 이에 따라 의도적으로 비난 받을 행동을 위한 결정을 내리는 사람만이 부당한 품성을 갖고 있다고 할 수 있다.(「니코마코스 윤리학」 1136a) 한편 열정에서 비롯된 부당한 행동은 역시 가장 정의로운 사람에게도 나타날 수 있다.

법과 정의를 적용함에 있어서 아리스토텔레스는 경직성을 피하는 데 도움이 되는 특별한 원칙, 즉 *공정Billigkeit*을 제시했다. 철학자는 규범을 보편화하는 경험에서 출발한다. 따라서 개별 사례를 적용하는 과정에서, 그 규범이 사례 또는 행동하는 개인의 특별한 상황의 특수 상태에 맞지 않을 경우에는 바람직하지 않은 결과를 초래할 수도 있다. 아리스토텔레스는 그런 사례에 지나치게 예리하게 적용해선 안 되며, 공정한 판단에 따라 결정해야 한다고 생각했다. 이로써 법은 그 의도 때문에 일반적으로 단순화하기 힘들 때 교정된다. 이 경우는 입법자가 문제를 잘 인식하고 있으므로, 스스로 규정한 대로 결정하면 된다는 것이다.

정의에 관한 아리스토텔레스 사상의 업적은 논란의 여지가 없다. 물론 그 혁신적 성격에도 불구하고 지극히 본질적인 한계를 간과할 수는 없다. 아리스토텔레스에게 정의는 자유로운 신분의 시민끼리만 그리고 폴리스 내에서만 적용된 이상이다. 가정에서, 한편으로 아버지와 주인, 다른 한편으로 그의 아내와 아이, 노예들과 관계는 지배와 종속 관계로 규정되며 법과 정의는 보편적 휴머니즘과는 전혀 관련이 없다.(뵈켄푀르데 2002, 116) 유럽의 정신계는 오랫동안 이 문제 때문에 고심을 거듭했다.

그리스 시대의 선구자들과 마찬가지로 로마의 지식인 키케로(기원전 106~43) 역시 정의에 특별한 가치를 부여했다. 키케로에게 정의는 네 가지 기본덕목 중에서 가장 으뜸인 "모든 덕목 중의 왕"("의무론』, Ⅲ. 28)이다. 정의는 다른 덕목들을 그 영향력 속에 묶는 데 활용된다. 키케로가 설명한 가장 대표적인 예는, 사람들이 상대방에게 부당한 행동을 하지 않는 경우에만 친구들에게 관대하게 대하는 것이 허용된다는 것이다.

정의에 대한 키케로의 접근에서 핵심은, 근본적으로 인간은 공동체와 결속되어 있다는 전제이다. 따라서 그의 관점에서 보면 공동체의 안녕을 위해 적극 참여하는 의무와 결합되어 있다. 키케로는 공동체의 의미를 시민만이 아니라 "인간성의 모든 포괄적 공동성"으로 이해한다. 인간성의 존중은 외국인에 대한 배려도 요구한다. 이러한 특성 하에서 정의는 "인간이 서로 더불어 사는 존재"("의무론』 I. 20)임을 부각시키는 이성에 부합한 행동양식이 된다. 키케로는 어떤 사람도 해치지 않는 것을 정의의 기본적 요구로 보았다. 정의는 계약 관계에서 교환된 성과물의 상호원칙을 존중하고, 그 관계의 틀 내에서 신뢰가 가치 있다고 증명됨으로써 실현된다. 따라서 *믿음fides*이라는 근본적 덕목이 요청된다.("의무론』 I. 23) 왜냐하면 서로 주고받는 관계는 사람들이 약속을 지킬 때에만 올바로 작동할 수 있기 때문이다.

더 깊이 파고들기 위해 키케로는 부정의하게 행동하는 여러 유형들을 직시하였다. 아울러 그는 부정의가 이른바 정당한 규정의 외피를 입고 어떻게 나타나는지에 대해 특히 초점을 두었다. 예를 들면, 키케로는 틈을 악용하여 합의 사항을 무시하는 것을 법률적 궤변의 범주에 넣었다. 휴전 상태가 낮에만 유효하다고 해석 가능할 때 이를 근거로 한밤에 들판을 황폐화시킨다면, 이는 법률적 논증의 외피로 나타난 부정의라는 것이다.("의무론』 I. 33) 하지만 범죄를 처벌할 때 적당한 범위를 넘어서는 경우에도 부정의는 일어난다. 여기서 키케로는 일반적으로 자제를 옹호한다. "도발적으로 행동하는 사람들이 자기가 저지른 불법을 뉘우치고, 앞으로는 그러한 짓을 저지르지 않고, 불법을 행하는 사람이 급격히 줄어드는 것만으로도 충분하다."(『의무론』, I. 34) 이른바 정의의 요구가 극단으로 치달으면 큰 피해를 유발할 수 있다. 키케로는 이 생각을 "최상의 법이 가장 큰 부정의이다."(『의무론』, I. 33)라는 고전적 문장으로 집약했다.

　정의 담론에 속하는 주체의 문제에서 키케로는 신분이 낮은 사람에게도 정의를 행할 것을 강조한다. 키케로는 당시 가장 미천한 신분인 노예들도 자신의 사유 속에 포함시켰다. 키케로는 노예들을 "일용노동자"처럼 대하는 것이 바람직하며, "이들의 노동은 정당한 임금을 받도록 요구할 만하다."고 생각했다.(『의무론』, I. 41) 이 표현은 말 그대로 소유물로 여겼던 노예를 간접적이나마 주체적인 인격체로 인정한 것이지만, 이 말 속에는 그 시대에 비춰보면 상당히 이례적인 의미가 담겨 있다.

중세시대

중세의 정의 사상은 고대의 모범 위에 확립되었으나, 괄목할 만한 혁신적 사상인 그리스도교, 특히 신약성서의 영향으로 고대와 구별되었다. 이제 정의는 두 개의 대립 개념으로 인식된다. 부정의 이외에도 하느님의 계명을 위반하는 의미로서의 죄의 개념이 그것이다. 이 생각은 하느님 앞에서 정의롭다고 인정받으려면 인간은 어떤 행동을 해야 하는가에 초점을 맞춘다. 그리스도교 교부들은 플라톤의 저작들과 13세기 중반 이후 라틴어로 번역된 아리스토텔레스의 『니코마코스 윤리학』을 자신들의 사상 속에 포함시켰다. 따라서 이들의 사유 개념은 철학적 요소들과 특히 그리스도교적 요소의 혼합물이다.

중세의 가장 중요한 서양사상가로 평가 받을 만한 토마스 아퀴나스(1225~1274)는 자신의 사상에 『니코마코스 윤리학』을 접목시켰다. 아리스토텔레스와 마찬가지로 토마스 아퀴나스에게도 다른 덕목과 비교해서 정의의 덕목에서 특별한 것은, 그것이 사람들 간의 상호관계와 연관된다는 데 있다. "정의는 타자에게 좋은 것"(『신학대전』 II-II, q.57, a.1; 아리스토텔레스, 『니코마코스 윤리학』 1129b25)이다. 상대방을 대하는 행동과 활동을 통해 사람들은 말 그대로 정의의 영역에 속해 있다. 다시 말해 "외적인 행동이 나타나는 곳에서는 정의냐 부정의냐 하는 문제가 관련이 있다."(피퍼 2004, 84) 토마스 아퀴나스는 아리스토텔레스의 개념 규정과 접목시키면서 정의를 세 가지로 구분하였다. 사람들 간 관계에서의 교환 정의, 공동체와 개별 인간 간 관계에서의 분배 정의, 그리고 보편적 덕목으로서의 합법적 정의가 그것이다.(루츠 바흐만 2000, 9)

교환 정의에서는 교환되는 재화 가치의 등가가 이루어져야 하는, 급부와 반대급부의 관계가 중요하다. 토마스 아퀴나스는 여기에서 restitutio, 즉 정당한 관계의 복원을 말한다. 이는 지불해야 하는 급부가 (교정적 정의의 행위를 필요하게 만드는 조치가) 선행되는 곳만이 아니라, 지극히 일반적 경우에도 해당된다. 이로써 그는 특별한 관점을 받아들인다. 즉 부정의가 마치 보편적 상황으로 간주되고 정의는 부정의한 상황을 조정하려는 노력에서 그저 불완전하게 접근할 수밖에 없는 이상일 뿐이라는 관점이다. 분배 정의는 권력을 행사함에 있어서 정의의 문제를 제기한다. 여기서 개개인은 공동체를 대표하는 권력과 맞선다. 이 상황에서 특징적인 것은 개별 인간 자체가 사회 전체의 일부이며, 사회 전체의 역할은 *공공의 선bonum commune*에 따라 귀속된 것을 개인에게 주는 데 있다.(피퍼 2004, 125)

토마스 아퀴나스가 법에 초점을 둔 것은(『신학대전』 II-II, q.57, a.1) 정의를 실현하기 위한 필연성에서 비롯된 것이다. *정의의 보편적 덕목*이 그 과제를 완성하려면, 즉 개별 덕목과 외적인 행위들이 공공의 선에 기여하도록 이끌려면, 법을 이용해야 하기 때문이다. 정의의 보편적 덕목은 정의 이외에도 용기와 절제 같은 다른 덕목을 요구한다. 정의의 보편적 덕목이 그것과 서로 관련을 맺는 인식 가능한 인간의 외적 행위들에 대해 초점을 맞춘 것이다. 바로 이러한 외적인 행위들이 인간의 선함과 악함을 판별하는 근거이다. 물론 이것은 개인의 행동이 아무 역할을 하지 않음을 의미하는 것은 아니다. 자발적으로 일어난 변함없는 행동에서 비롯된 것을 완전하고 정당한 행동으로 인정한다. 토마스 아퀴나스는 여기서 로마의 법률가 울피아누스(170~232)의 정의定義를 연관시킨다. "정의는 각자에게 그의 권리를 승인하려는 변함없는 항구적인 의지"이다.(『학설휘찬』 I, 1, 10)

모든 인간의 평등을 전제로 하지 않기 때문에, 토마스 아퀴나스는 여전히 전前근대적인 입장에 머물러 있다. 이것은 분배 정의에 관한 그의 이론에서도 엿볼 수 있다. 이에 따르면 모든 사람은 자신에게 귀속된 몫을 받는데, 그 몫을 결정하는 문제에서 아퀴나스는 부자들이 "공동체에서 가장 높은 지위를 갖고 있기 때문에"(『신학

『대전』 II-II, q.63, a.3) 마땅히 존경 받아야 한다고 주장한다. 이로써 개인에게 어떤 것이 귀속되느냐 하는 것은 사회적·경제적 지위에 따라 좌우된다. 지배와 종속관계로서의 아버지와 주인의 권리도 원칙적으로 전혀 문제되지 않는다. 물론 인간은 하느님의 형상을 가진 존재라는 그리스도교 사상이 이 관계를 판단하는 데 영향을 끼쳤다. 토마스 아퀴나스는 아들과 종의 지위가 아버지와 주인에 따라 결정된다는 전제 하에 인간으로서 이들의 권리를 인정한다. 아퀴나스가 쓴 대로 "두 사람을 각각 인간이라고 인정한 점에서는 어쨌든 정의"로 볼 수 있다. 그러나 "어쨌든"과 "무엇이 정당하고 올바른지 그 완전한 실정"(『신학대전』 II-II, q.57, a.4)은 이 관계에서 적용될 수 없으며, 지극히 당연하게도 이는 여성에게도 적용된다.

근대와 계몽주의

근대의 시작과 함께 그리고 중세 봉건주의가 점차 극복되면서 정의 개념은 다소 뒤로 밀려나고, *평등한 자유*가 시대의 슬로건이 되었다. 정의는 이 목표에 얼마나 기여하느냐에 따라 가늠되었다. 물론 이 이념의 형태를 자세히 살펴보면 몇몇 모순점들을 발견하게 된다. 유산有産 시민계급이 정의의 이상적 주체로 등장한 반면, 여성이나 이방인, 다른 '종족' 구성원과 자립하지 못한 남성은 불이익 상태에 있다는 점이다. 앞 장과 마찬가지로 이 장에서도 정의 담론에 특별한 공헌을 한 저자들을 소개하고자 한다. 여기서 언급하려는 사상가들은 토마스 홉스, 데이비드 흄, 임마누엘 칸트이다. 장 자크 루소는 계몽주의의 정의 사상이 소유와 소유와의 관계에만 집중되어 있음을 예리하게 비판하면서 계몽주의적 정의관의 오류를 지적했다. 루소적 관념은 그 후 칼 마르크스와 프리드리히 엥겔스가 비판한 바와 같이 사회문제에 초점을 둔 정의 비판의 중요한 가교였음이 증명되었다.

토마스 홉스(1588~1679)는 가장 중요한 계몽주의 사상가에 속한다. 많은 이들은 그를 근대 정치철학의 기초를 닦은 사람으로 보고 있다.(케어스팅 1996, 14) 아울러 홉스는 정의 논쟁에서도 중요한 역할을 하였다. 앞에서 본 바와 같이, 법과 정의는 항상 밀접한 관련성 속에서 고찰된다. 법에 부여된 과제는 정의를 실현하라는 것이다. 여기서는 일반적으로 자연적 원리와 신적 계명도 함께 포함하는 폭넓은 법 개념에서 출발한다. 토마스 홉스는 법 이외에는 어떤 정의도 없다는 명제를 내세우며 이 개념을 정교하게 가다듬었다. 여기서 정의는 자연법으로서 높은 가치를 갖는다. 그 내용은 사람들이 스스로 체결한 계약을 이행해야 한다는 데 있다.(홉스 1651, ⅩⅤ.1, 100)

홉스가 이와 더불어 요구한 교환 정의를 점점 번성하기 시작한 상품 및 서비스 시장에 맞춰 기초한 바와 같이, 그는 초기 자본주의 방식을 통해 아리스토텔레스의 전통에서 벗어난다. 교환되는 물건의 가치가 등가적일 때에만 교환이 정당하다는 관념에 홉스가 반대했기 때문이다. "구입했을 때보다 더 비싸게 파는 것이나 얻은 것보다 더 많은 것을 누군가에게 주는 것이 마치 부당하게 취급받는다."(홉스 1651, ⅩⅤ.14, 115) 홉스에 따르면, 정당한 것은 어떤 사람이 상품이나 급부에 대해 지불할 용의가 있는 가격이다. 그는 "동의한 사람에게 부정의는 일어나지 않는다."는 원칙을 따른다.

홉스는 이 관점을 과감하게 인간들에게도 옮겨놓았다. 홉스는 인간의 가치를, 사람들이 그것에 부여하는 가격에 포함된 사물의 가치와 같다고 보았다. 어떤 것이 잘 팔리고 어떤 사람이 이룬 성과가 어떤 평가를 받느냐에 따라 가격은 오르고 내린다. 따라서 가격을 결정하는 것은 오로지 시장이다. 홉스(1651, X.15, 67)에게 가격은 어떤 사람 스스로 자기 가치를 어떻게 보느냐는 것과는 전혀 무관하다. 따라서 그는 초기 자본주의의 경제적 이성의 논리를 극단까지 몰고 갔다.

스코틀랜드 출신 철학자 데이비드 흄(1711~1776)은 정의에 관한 사유를 도발적 명제로 시작한다. "이 덕목의 유익한 결과에 대해 생각하는 것이 그 가치의 *보편적* 토대를 형성한다."(흄 1751, 101) 정의라는 덕목을 흄은 사회의 규범구조, 특히 재산 처분권을 규정한 규범구조에 대한 존중으로 이해한다. 정의는 사람들이 살아가는 상황 때문에 필요하다. 한편으로는 살아가는 데 필수적이며 소유하고 싶지만 소유할 재화가 부족하고, 다른 한편으로는 호의라는 평범한 덕목에 기대서는 없어지지 않는 사람들 간의 이해 대립이 존재하기 때문이다. 이것은 물론 가족의 범위까지 확산되지는 않는다.

인간은 자기 재산을 안전하게 보존할 수 있어야 하며, 정의의 덕목은 이 안전성을 담보해야 한다. 정의는 규정 준수를 위해 노력해야 하기에, 흄(1751, 101)이 어째서 정의를 "조심스럽고", 심지어 "의심스러운 덕목"이라고 말했는지 이해할 것 같다. 질투심에 사로잡혀 인간들은 속임을 당하지 않을까 눈을 부릅뜨고 주시한다. 물론 정의라는 덕목의 뿌리는 여기서 보는 바와 같이 순수한 에고이즘도 아니며, 홉스에게서 찾을 수 있듯 장기적인 자기이익도 아니다. 오히려 그것은 호의의 지속적 발전 덕분인데, 호의는 사람들로 하여금 다른 이의 입장을 헤아리는 마음을 갖게 한다. 장기적이고, 계몽적 자기이익을 고려하여 만들어진 일반적 규정까지 포함하면, 공감은 이방인에게까지 확장될 수 있으며, 이는 아무 관계가 없는 사람에 대한 이익까지 존중할 줄 아는 보편적 호의의 형태로 발전된다.

정의의 덕목에 대한 이해만으로는 정의의 효과를 보증하기에 충분치 않다. 현명함과 선한 의지도 항상 동기를 유발할 충분한 효력을 펼칠 수 없다. 이러한 배경 하에서 흄은 상당한 강제성을 갖는 위협을 불사하고서라도 신뢰를 담보하는 법질서의 제도화를 적극 지지하는데, 그래야 비로소 법체계의 원활한 작동을 담보할 수 있기 때문이다. 우리는 여기서 키케로의 믿음 개념을 떠올리게 된다.

흄은 재산권 및 그와 결부된 사람들 간의 물질적 차이를 인정할 것을 강조하면서, "완전한" 평등 이념을 거부한다. 흄은 그 이념을 구현하는 것은 애초부터 불가능하다고 여겼다. 사람들은 모든 문제에서 각각 다른 재능과 정력을 드러낸다. 이것은 자연스레 물질적 불평등으로 이어진다. 이 사실을 인정하지 않으려면 완벽한 감시가 필요할지 모르나, 그렇게 되면 인간들로 하여금 무언가 성취할 수 있게 하는 일체의 특질들을 질식시킬 것이다. 공명심이 물질적으로 이익이 될 때만이 사람들은 결속력을 보인다. 흄에게 이것은 정의가 갖는 그 밖의 유용한 측면이다.

이로써 정의의 주체에 주목하게 된다. 흄은 스스로 문명인이라 자처하는 유럽인이 낯선 민족과 교류하는 것을 신랄하게 비판했다. 유럽인의 "위대한 사유"는 "광기"로 잘못 이끌릴 수 있다는 것이다. 이들은 자신들과 구별되는 모든 사람을 동물처럼 다뤄야 한다고 생각하고, 그럴 수도 있다. 아울러 "정의의 모든 장벽과 인간성 자체"도 몰락하게 된다.(흄 1751, 110) 무엇보다 흄은 여성을 대하는 것에 대해서도 날카롭게 비판한다. 흄이 보기에, 여러 종족 속에서 여성은 "노예와 같이 복종시켜야 하고, 지배하는 주인과 달리 어떤 것이든 재산을 소유할 능력이 없음이 밝혀졌다."고 말한다. 이로써 여성은 법과 정의의 주체와 구별되는 존재이다. 그러나 흄(1751, 110)은 이 문제를 계속 진지하게 탐구하지 않고, 오히려 여성의 "감언이설을 일삼고 영악하며 뇌쇄적인 본질"이, 남성의 "모든 음모"를 파헤치고 남성과 동등하게 사회적 권리에 참여할 수 있다는 전망으로 해결하려 한다. 이러한 부정의를 없애기 위해서는 당연히 여성적 매력과의 유희와는 다른 수단이 필요하다.

장 자크 루소(1712~1778)는 여성과 이방인을 미천한 신분에 놓는 것은 전혀 문제가 안 된다고 보았다. 다른 한편으로 루소는 정의 이론에서 재산권이 중요한 가치를 갖고 이와 연관해서 물질적 불평등을 인정하는 것에 대해 비판적 관심을 일깨웠다. 루소가 보기에 흄이 점차 문명이라고 일컬었던 과정은 그저 몰락의 역사일 뿐이다. 루소는 유명한 구절을 통해 시민사회로 가는 과정의 중요한 단계를 비판하고 있다. "땅에 울타리를 치고 '이것은 내 것이다'라고 말하리라 생각했고, 사람들이 자기 말을 믿을 만큼 단순하다는 사실을 발견했던 최초의 인간이 문명사회의 진정한 창시자였다. 말뚝을 뽑아버리고 도랑을 메우면서 동료 인간들에게 '저 사기꾼의 말을 조심하시오. 이 땅의 모든 과실은 모든 사람에게 속하며, 땅은 그 누구의 소유물도 아니라는 사실을 잊는다면 당신은 파멸할 것이오!'라고 외친 사람이 있었다면, 그는 인류를 얼마나 많은 죄악과 전쟁과 살인 그리고 고통과 공포에서 벗어나게 해주었을 것인가?"(루소 1754, 74)

그리하여 토지의 경작과 배분에서 개별 재산 소유자와 그와 관련한 정의의 규칙이 뒤따른다. 루소는 플라톤의 유명한 말을 떠올리며, 사람이 무언가를 소유하면서 비로소 "각자에게 자신의 몫을 주는" 것이 의미를 갖게 되었다고 본다. 그리고 사람들 모두 각자 어떤 것이든 재화를 갖게 되고 또 그것을 잃을까 두려워하기 때문에, 이 규칙에 신속히 합의한다는 것이다. 사람들은 모두 자기 재산이 안전해지길 원한다. 그러나 루소는 소유물을 자기 것으로 만들 가능성은 대단히 문제가 많은 동력을 작동시키는데, 가진 사람이 더 많은 것을 가지려는 것이 바로 그것이다. 이로 인해 별로 주목 받지 않았던 인간의 특성이 활개를 치기 시작한다. 야욕, 간계 그리고 정말 필요해서가 아니라 그저 재산을 증식시키고 더 많은 재화를 소유하고자 하는 욕망이 그것들이다.

이러한 동력으로 인해 발생하는 불평등 그리고 점차 소유물의 불평등한 분배가 가져온(그리고 새로운 방식으로 확립된!) 주인 노예 관계는 계몽주의 시대를 풍미한 평등한 자유의 파토스를 위기에 빠뜨렸다. 루소가 탁월한 방법으로 정확히 제기한, 지극히 정당한 이러한 비판에도 불구하고, 새로운 자유 체계 때문에 외형적 평등과 소유권이 분리되었다는 사실을 잊어선 안 된다. 과거에도 사회의 신분 제약으로 인해 평등이 존재한 적은 없었다. 인간은 이 상황 속에서 흡사 차갑게 얼어버린 듯하다. 새로운 시민사회는 이 상황을 녹이고, 사람들에게 자신에 대한 책임을 지면서 성과에 따라 인정을 받고, 개인적 행복을 찾을 수 있으리라 약속했다.

임마누엘 칸트(1724~1804)는 시민계급의 독립성을 강력히 옹호한 철학자였다. 칸트는 책임을 떠안는 것이 계몽주의의 중요한 진전이라고 보았다. 그는 책임을 다하지 않으려는 사람에 대해 비판을 가한다. "게으름과 비겁함이야말로 자연이 이미 오래전에 타자의 지도로부터 자신이 자유롭게 된 이후에도, 대부분의 사람을 여전히 평생 미성숙한 상태로 머물러 있게 하고, 그토록 쉽게 다른 사람이 자신의 후견자로 자처하게끔 만든 원인이다. 그것은 바로 미성숙한 상태에 머무는 것이 편하기 때문이다."(칸트 1784. 53) 이러한 공격은 칸트 자신이 (인종적 이유로 인해) 여성과 (근로생활에서 다른 사람의 명령에 예속되었기 때문에) 독립하지 못한 피고용인 같은 특정 집단에 대해 언급을 자제하고 있음을 보면, 어느 정도 역설을 담고 있다.

칸트의 정의 개념은 홉스와 흄의 그것과 마찬가지로 소유권 개념을 중심에 놓고 있다. 정당한 재화의 분배는 먼저 정당한 방법으로 재화를 획득한 후 정당하게 양도됨으로써 이루어진다. 더 나아가 재화를 분배함에 있어서 평등함을 이루기 위해 표준으로 삼을 만한 어떤 사회적 정의의 기준도 없다. 물론 칸트는 사람도 물건처럼 가격을 갖고 있다는 홉스의 생각에 대해서는 날카롭게 비판한다. "홉스와 대조적으로", 인간의 권리는 반드시 "이성에 의해 직접 존중" 받아야 한다고 칸트는 확신한다.(1793, 143)

칸트(1785/86, 68 이하)에게 인간의 본질은 인간의 자율성에 근거하여 존엄성을 지닌다는 데 있으며, 인간의 존엄성은 가격이나 가치 같은 개념에 따라 측정될 수 없다. 인간은 "그 자체 목적"이며, 여기서 인간을 절대로 도구로 삼아서는 안 된다는 주장을 끌어낸다. 이에 관한 유명한 정언명령 구절을 보도록 하자. "너 자신이든, 다른 어떤 사람이든, 언제나 인간을 절대 단순한 수단으로 다루지 말고 한결같이 목적으로 다루도록 행동하라."(칸트 1785/86, 61) 유용성에 관한 그 어떤 논의도 인간의 존엄성을 존중하라는 계명을 무시할 수 없다.

물론 칸트의 이론에서도 언급된 바 있고, 루소가 신랄하게 비판했던 형식적 평등과 점증하는 사회적 불평등 간의 긴장관계는 새로운 중상주의 체제에서는 문제가 많은 것으로 드러났다. 칸트는 19세기 사회를 심각한 위기로 치닫게 만든 가난과 빈곤의 확산에 대해서는 별다른 대안을 제시하지 못했다.

현대로 가는 과정

19세기 중반, 존 스튜어트 밀(1806~1873)은 공리주의 정의이론과 접
목시킨 원대한 자유주의적 구상을 제시했다. 즉 어떤 것이 도덕적
으로 선하고 악한 것인지 확증하는 것은 사회에 도움이 되는 유용
성이라는 주제에 관한 것이라는 *공리주의*의 뿌리는 고대시대까지
거슬러 간다.(키케로) 공리주의의 진정한 창시자로 평가 받는 제러미
벤담(1784~1832)은 데이비드 흄의 저작이야말로 자신의 구상에 중
요한 자극을 주었다고 말한 바 있다. 유용성Nützlichkeit을 정의의
유일한 원천으로 강조한 흄의 사유로부터 영감을 얻은 벤담은 "이
익을 평가하는 알고리듬 체계"(파우어 스튜더 2003, 32)를 개발했다. 이것은
보편적 행복의 극대화 보장을 목적으로 하는 법체계의 개혁을 이
끌어내는 데 도움이 되어야 한다는 것이다. 벤담(1780)에 따르면 이것
은 "최대 다수의 최대 행복"을 보장하는 경우를 말한다.

공리주의의 본질적 요소가 칸트와 같은 의무론적 견해의 출발점
과 확연히 구별되는 점이 바로 여기에 있다. 공리주의는 *결과론적*
이론이다. 행위와 정책들은 그것이 어떤 결과를 초래하고, 목적을
추구함에 있어서 얼마나 성공적인지 증명할 수 있느냐에 따라 판
단된다. 따라서는 정의는 규범적 기본개념이 아니라 "집단의 행복
을 위한 기능으로" 인정된다.(회페 2002, 15) 공리주의의 이 특성은 이후
또 다른 중요한 대표자인 존 스튜어트 밀을 통해 두드러지게 나타
난다. 자신의 행동을 "모든 이성적 본질이 전체의 이익에 유용한"
규칙에 맞추는 사람은 정의롭게 행동한 것이다.(밀 1863, 91) 밀에 의하

면, 우리는 기본적으로 모든 것을 자신이 어떤 결과를 선호하는지에 따라서만 평가한다. 따라서 누군가에게 해를 끼치는 것은 부정의하다. 밀(1863. 103 이하)은 불법적 침해나 폭력뿐만 아니라 자유를 부당하게 침해하는 것도 부정의한 것으로 분류한다.

공리주의와 밀 역시, 유용성이 그 위에 정의의 토대를 세울 수 없는 "불확실한 원리"(밀 1863. 95)라는 점에서 비판을 받고 있다. 사실 여러 의문이 제기되고 있다. 정확히 어떤 것을 유용한 것으로 간주할 것인가? 쾌락을 느끼고 고통을 피하는 것만이 중요한가? 그때그때마다 어떻게 가늠해야 하고, 또 그럴 수 있단 말인가? 오직 감정의 양적인 요소만을 받아들인다면, 질적인 측면은 어디에 두어야 하는가? 벤담에게서 발견할 수 있는 것처럼 행복의 양을 계산하는 것을 거부한 유명한 밀의 언급이 있다. "만족한 돼지가 되기보다는 불만을 느끼는 인간이 되는 것이 더 낫고, 만족한 바보보다는 불만을 느끼는 소크라테스가 되는 것이 더 낫다."(밀 1863. 18)

공리주의는 또 다른 문제점을 안고 있는데, 공리주의로는 개인의 권리를 정초하기 힘들다는 점이 그것이다. 전체의 유용성을 계산함에 있어서 개인은 배제될 위험성이 있다.(파우어 스튜더 2003. 52) 따라서 공리주의는 인간이 구별되는 존재임을 충분하고 진지하게 받아들이지 않았다는 비판을 받고 있다.(롤스 1971. 45) 많은 사람의 고통이 전체의 이익을 높일 수 있음을 예상하면, 상대적으로 소수를 희생시키면서 수적으로 다수이거나 평균적인 사람들의 호전적 이익만을 목표로 삼는 일이 벌어질 수 있다. 공리주의는 이러한 고통을 받아들이도록 용인할 뿐만 아니라, 이에 덧붙여 그것을 정의 행위라고 주장한다. 이런 결론으로 인해 밀의 이론이 오직 유용성에만 개인의 권리와 자유의 토대를 세웠기 때문에, 그 이론을 옹호하기 힘들다. 이익이 생기지 않으면 어떻게 하겠는가 라는 이유 때문이다. 밀이 강조한 정의의 계명으로서의 여성의 권리에 대한 요구(밀/테일러 밀 1869) 역시 불안한 공리주의적 가교 위에 서 있는 셈이다.

19세기 중반 및 후반, 경제 및 기술의 발달로 *사회문제*들이 점점 절박한 상황까지 치달았다. 자본주의의 극단적 폐해로 인한 대중의 참담한 삶은 사회개혁가들로 하여금 이론적·정치적으로 노동운동에 관심을 갖게 했다. 칼 마르크스(1818~1883)는 사회를 착취와 소외의 특징을 지닌 계급사회로 분석했다. 그는 근로대중 다수가 정당한 기회를 박탈당한 채 생산수단을 소유한 자들에 의해 착취당하고 있다고 비난했다. 물론 마르크스는 자본주의에 대한 비판을 정의의 언어로 채색하지 않았다. 그는 "노동자계급의 분노의 모티브로서 부정의의 정서를 거론하는 것"(오이크너 1999, 177)을 의도적으로 회피했다. 마르크스가 자본주의를 최소한 암시적으로나마 *부정의*한 것으로 단죄했는지에 관해서는 다양한 해석이 있다.(제라스 1985, 48 이하)

일반적으로 정의에 관한 마르크스의 발언은 그리 많지 않고, 광범위하며 때로는 모순적이기까지 하다.(로흐만 1994, 223) 그러나 한 가지 사실, 마르크스가 정의의 이상에 대해 대단히 회의적이었다는 점만은 분명하다. 그 이유는 정의의 이상이 지배계급에 의해 그들의 권력을 유지하는 기능을 하는 법률에 정당성의 허울을 걸쳐주는 데 이용될 수 있다고 생각했기 때문이다. 정의는 한 사회의 법률적·

정치적·종교적·문화적·예술적 이념을 내포하는 사회 상부구조에
속한다. 사회정의에 관한 말은 부르주아지 이데올로기가 뒤섞인
것이라고 보고 배척되었다.(밀러 1999, 44)

고타 강령*에 대한 비판에서 마르크스는 "노동 수익의 정당한 분
배"에 대한 요구에 격분한 바 있다. "지금의 분배가 '정당하다'고
주장한 것이 부르주아지가 아니었던가? 그리고 오늘날 생산방식
의 토대 위에서는 그것이 사실상 유일하고 '정당한' 분배가 아니던
가?"(마르크스 1891, 293) 자본주의 사회의 관점에서는 노동력의 잉여가치
소유로 노동자계급이 당하는 착취를 전혀 문제 삼지 않는데, 그것
이 교환 정의의 원칙과 일치하기 때문이다. 그렇기 때문에 마르크
스에 따르면, 정의를 재해석하여 기존 상황을 비판하는 것은 지배
적 상황을 결코 넘어설 수 없기 때문에 무의미하다.

물론 정의에 대한 언급을 거부하는 것이 착취체제로서의 자본주
의 상황에 대한 비판과 얼마나 일치하는지 의문스러울 수 있다. 이
판단의 기준은 무엇인가? 마르크스가 자본과 노동 사이의 계약은
"단 한 번도 정당한 조건에서 이루어진 적이 없다"고 단언한 것을
생각하면, 때로는 정의에 관한 규범적 관습이 혼란스러워지는 것이
전혀 놀랄 만한 것도 아니다. 더 이상 자신의 노동력을 처분할 수
없는 노동자는 자본의 "집약적인 사회권력"과 대립하고 있기 때문
이다. 사실상 이것은 가장 불평등한 결합으로, 마르크스가 보기에

---

* 1875년 독일 고타에서 채택된 독일 사회주의 노동당의 강령이다. 노동이 모든 부의 원천임을
강조하고 노동 수익의 정당한 분배를 보장하는 노동해방, 정치경제적 평등의 구현으로서 사회주
의 건설 등을 목표로 하였으나, 마르크스는 이를 비판하면서 '고타 강령 비판'을 내놓았다.

바로 이 때문에 강력한 노동조합의 필요성이 생긴 것이다.

물론 마르크스는 정의로운 상황에 대한 어떤 요구도 여기서 이끌어내지 않았다. 오히려 그는 자본주의 생산양식은 붕괴될 수밖에 없기 때문에, 필연적으로 실현될 것이라는 확신을 가진 하나의 비전을 펼쳐 보였다. 마르크스에게 미래는 프롤레타리아의 것이라는 사실은 의심의 여지 없이 확실했다. 그는 생산수단의 국유화를 통해 프롤레타리아 혁명의 모습으로 등장할 계급 없는 사회에서 미래의 모습을 보았다. 한 단계 높은 공산주의 사회는 정의의 조건을 펼치는 사회이기에 이미 정의를 초월한 사회이다. 계급적 이해의 대립과 함께 "노예 같은 미천한 신분" 형태의 분업도 사라질 것이다. 생산력이 극도로 발달함에 따라 더 이상 부족함은 없을 것이다. 마르크스 사상에서는 기껏해야 주변부 문제로 취급 받긴 했지만, 자본주의 체제 하에서는 심각한 문제를 갖고 있는 성(性) 관계도 모두 만족할 상황으로 전개될 것이다.(베벨 1883) 발전하는 공산주의 사회는 "각자 자신의 능력에 따라, 각자 자신이 필요한 대로"(마르크스 1891, 296)라는 단순 원칙에 따라 작동하는 사회이기 때문이다.

공산주의의 이름으로 일어난 혁명들이 황금시대로 이어지지 않았음은 주지의 사실이다. 오히려 이데올로기화한 경직된 도그마의 이름으로 "새로운 인간"을 만들겠다는 과도한 요구 속에 수백만 명에 달하는 사람들이 체포되고 억압과 죽임을 당했다. 그렇기에 (아무튼 정의와 관련한 고전적 표현인) "각자 자신의 능력에 따라, 각자 자신이 필요한 대로"라는 말은 실제로 현실에서 존재하는 능력과 필요에 대한 요청으로 이해될 수 없었다. 여기서는 부족함이나 이해의 대립이 없는 유토피아 세상으로 보내주기를 원한 "새로운 인간"
을 지칭하는 말이지만, 그런 것은 현실에서는 절대 존재하지 않으
며, "*인간의 조건*"(루크스 1996. 40)과도 일치하지 않는다.

　물론 마르크스주의에 관한 분석들은 지속적으로 문제를 환기시
키며, 철학은 현실의 불의不義 문제에 관심을 기울여야 하는 의무를
안고 있다.(무어 1978; 슈클라 1990) 철학은 착취와 배척, 빈곤을 외면할 수
없다. 이러한 문제 상황은 글로벌 위기 그리고 경제적·사회적 위기
속에 흔들리는 현재 세계에서 변함없이 실재하고 있다. 로틀레너
(1994. 216)는 이에 대해 적절한 평가를 내린다. "역사를 단순히 계급투
쟁의 역사로만 볼 수는 없지만, 분배투쟁의 역사로 볼 수는 있다."
사실 분배 정의에 관한 문제는, 역시 뜨거운 논란의 테마인 정치적
정의와 더불어 실제적 정의이론의 핵심을 이룬다. 이 두 가지 관점
을 다음 장에서 살펴보겠다.

제2장

정의의 실제 이론들

20세기 전반부의 일정한 침체 국면이 지난 후 정의에 관한 논쟁은 존 롤스의 『정의론』(1971)의 출간으로 대단히 활기찬 국면에 접어들어 지금까지 이어지고 있다. 정의의 실제 이론들은 다각적으로 롤스로부터 비롯된 정치적 자유주의에 대한 비판적 분석에서 출발하여 이후 두 가지 중요한 문제로 뻗어나갔다. 하나는 사회적 다원주의에 직면하여 인종적·문화적·종교적 문제 속에서 사회적 공동생활을 이끌 수 있는 정의 원칙에 관한 포괄적 토대와 같은 것이 있는가? 다른 하나는 현대 국가가 어느 범위까지 자유를 가능케 하고 물질적 평등을 담보할 수 있을까? 하는 문제이다. 첫 번째 물음은 정치적 정의에 관한 것이며, 두 번째 물음은 사회적 정의에 관한 것이다. 이 장에서 언급된 내용들은 이 두 영역 내에서 복잡하고 여러 갈래로 뻗은 사상의 지형을 통해 이정표로서 이해하고, 자유주의, 공동체주의 다문화주의, 자유의지론, 평등주의, 비평등주의적 휴머니즘 등 관련 이론들을 선별하여 파악한 것이다. 공리주의와 마르크스주의 정의 비판은 이미 제1장에서 서술하였고, 페미니즘 정의 비판은 성性 정의에 관한 장에서 언급할 것이다.

자유주의: 선의 경계로서의 정의

자유주의 정의이론은 존 로크, 임마누엘 칸트, 존 스튜어트 밀과 결합된 위대한 전통을 되돌아보게 한다. 이들의 이론은 정의를 평등한 자유의 요구와 접목시켰다. 즉 각 개인은 자신의 생각에 따라 (가능한) 좋은 삶을 영위할 기회를 가져야 하며, 국가의 간섭뿐만 아니라 악의에 의한 것이든 선의에 의한 것이든 동료 시민의 간섭으로부터도 보호를 받아야 한다.(밀 1859) 이러한 맥락에서 국가는 사람들의 삶의 형태에 대해 중립적이어야 하며, 다른 사람의 자유가 제약을 받거나(칸트), 피해를 당하지 않는 한(밀), 사람들의 삶의 방식에 절대 간섭해서는 안 된다고 강조한다.

이 이상理想은 자유주의 정의이론에 관한 한 아마 가장 괄목할 만하고 탁월한 존 롤스의 기념비적 저서에 나타난 공정으로서의 정의에 관한 이론(1971; 1994; 2001)에서 찾을 수 있다. 롤스는 자신의 저서에서 고전적 자유주의 정의이론의 기본이념을 현대적 요소들과 접목시켰으며, 특히 사회적 공동작업의 체계로서 다원주의 사회의 도전에 적합한 개념에 도달하기 위한 게임이론을 사용하였다. 그 기본구조를 위해 롤스는 사회적 협력의 틀 속에서 산출된 기본재를 정당하게 분배하기 위한 원리들을 만들었다. 이를 위해 롤스는 "권리와 자유, 기회, 소득과 재산" 그리고 자존自尊의 사회적 조건을 포함시켰다.(롤스 1971, 84) 롤스에 따르면, 그 재화들은 각각의 인간들에게 귀속된 두 가지 도덕적 자산을 발전시키는 데 필수적이다. 그것은 정의에 관한 인식과 선한 삶을 영위할 줄 아는 능력으로, 필요에 따라 교정하고 실현할 수 있다.(롤스 2001, 99; 이에 관련한 기본재의 목록과 서술)

다원주의 사회 속에서 우리는 보편적으로 인정할 수 있는 정의의 원칙에 어떻게 도달할 수 있는가? 상이한 차이점들이 다양하고 때로는 너무 "보편적이며 광범위한 이론들"(롤스 1994, 307) 속에 집약된 선한 삶의 개념들을 어떻게 화해시킬 수 있는가? 그것이 대체 가능할까? 롤스는 두 가지 방법을 사용했다.(1971, 67) 먼저 그는 사회에 존재하는 정의 문제들에서 "신중한 판단"에 주목하였다. 이것은 확증되고 고정적 기준으로 볼 수 있는 확신들인데, 예컨대 종교적 독단이나 노예제도는 잘못이라는 확신이 그것이다. 이러한 맥락에서 롤스는 "노예제도가 잘못이 아니라면, 잘못인 것은 아무것도 없다."는 에이브러햄 링컨(1809~1865)의 멋진 말을 인용한다. 물론 모든 신중한 판단이 이러한 가치를 갖는 것은 아니며, 모순 없는 체계로 짜 맞춰질 수 있다고 생각할 수도 없다.(롤스 2001, 60)

따라서 추상적 영역에서 근본적인 원칙을 만들고 신중한 판단의 타당성을 위한 척도로 이용될 수 있는 다른 방법이 필요하다. 롤스(1971, §24; 2001, §25)는 이를 위해 사회 대표자들(당사자들)이 그 뒤에 숨어 기본구조에 가장 적합한 정의의 원칙들을 고르는 "무지의 베일"을 고안했다. 무지의 베일 뒤에서 당사자들은 성, 인종, 사회적 지위와 같은 개인적 속성에 대해서도, 또한 종교적·정치적 신념 및 그와 관련된 정보에 바탕을 둔 견해에 대해서도 전혀 모른다. 하지만 이들은 이 모든 요인들이 삶을 좋은 방향으로 이끄는 데 영향을 끼칠 수 있다는 사실은 알고 있다.

그러한 상황 속에서 자유롭고 평등한 것이라고 가정한 당사자들이 이성적이지만 위험을 감수하지 않으려 생각한다면, 공평하게 보편화하는 것 이외에는 결코 다른 선택의 여지가 없다. 사람들은 이들의 개인적 위상에 관해 모르기 때문에 개연성 있는 상황들을 모두 고려할 수밖에 없다. 따라서 당사자들은 자신의 잠재 능력을 최대한 펼칠 수 있으며, 특히 어려운 처지에 있을 때에도 보람 있는 삶을 영위하도록 보장하는 원칙들을 선택할 것이다. 롤스에 따르면 이것을 보장하는 것은 아래의 두 가지 원칙이다.

a) 모든 개인은 평등한 기본적 자유의 완전하고 적합한 체계에 대해 동등한 필수적 권리를 갖는다. 이 기본적 자유들은 모든 사람을 위한 똑같은 자유의 체계와도 조화를 이룬다.

b) 사회적·경제적 불평등은 두 조건을 충족시켜야 한다. 첫째, 그 불평등의 원인인 직무나 직위들은 기회의 평등에 따라 모든 사람에게 열려 있어야 한다. 둘째, 그 불평등은 사회에서 가장 혜택을 받지 못한 사람들에게 가장 큰 이익이 되어야 한다(차등의 법칙).(롤스 2001, 78)

그런데 이 두 원칙은 동등한 지위를 갖지 않으며, 마치 사전의 단어 배열과 비슷하게 배치된다. 즉 첫 번째 원칙이 우선된다(두 번째 원칙 내에서도 공정한 기회의 균등이 차등 원칙보다 선행된다). 이로써 첫 번째 원칙에 의해 가려졌던 기본 권리와 자유들이 어떠한 사회적, 경제적 이익에 의해 희생되어선 안 된다.(롤스 2001, 83) 사회의 신중한 판단이 이 두 원칙과 조화를 이루는 사회는 "판단의 동등한 비중" 속에 있는 사회라 할 수 있으며, 그러면 사회의 기본구조는 정당하고 "질서가 잡힌 것"이라 할 수 있다. 그 사회에서는 포괄적인 철학적·종교적 이론에서 근본적 차이가 있다. 롤스의 희망은 사회에서 탁월하게 대표되는 이 이론들이 모든 차이점에도 불구하고 사회의 기본구조를 승인하는 과정에서 "광범위한 합의"로 수렴되는 데

있다. 이로써 사회적 협력의 안정성이 보장될 수 있다는 것이다.(롤스 2001, 63-70)

롤스의 이론은 한 가지 측면에서, 즉 정치적 기본권리 및 자유에 관한 문제에서 엄격히 *평등주의적*으로, 모든 시민이 공정한 기회 균등의 과정에 똑같이 참여할 수 있어야 한다는 것이다. 이와 반대로 사회적·경제적 불평등은 기본적으로 허용된다. 물론 사회적·경제적 불평등의 정당성은 특정 조건과 결부된다. 무엇보다 정치적 자유의 동일한 가치를 훼손할 정도로 불평등이 커서는 안 된다. 더욱이 사회적으로 취약한 상황에 있는 사람들이 교육의 기회에서 배제되어선 안 된다. 교육의 기회는 경제적 배경과 무관해야 한다.(롤스 2001, 80)

결국 차등의 원칙은 상호성 원칙의 정신에 따라 정해진다. 즉 고소득과 같은 불평등은 그것으로부터 혜택을 받는 사람들만이 아니라 이른바 상호 호혜를 통해 다른 사람들, 특히 가장 취약한 계층의 사람들에게 이익이 돌아가게 해야 한다.(롤스 2001, 109) 롤스(2001, 107)는 불평등을 용인하는 사회는 생산적이며, 오히려 능력을 개발하는 데 활기를 불어넣는다고 생각했다. 전반적으로 온갖 방법을 동원하여 불평등을 억누르는 것보다는 불평등을 용인하는 것이 사회를 위해서는 오히려 더 낫다. 이것은 기본 권리를 우선하기 때문만이 아니라 사회 전체나 각 개인에게도 더 바람직하다는 점을 전제로 하기 때문이다. 롤스(1971, 45)는 이 구상을 통해 공리주의와 근본적으로 거리를 두었다. 그는 공리주의가 유용성을 계산함에 있어 개인이 동등한 기본적 자유를 갖지 못하는 문제를 무시했다고 비판한다. 물론 동등한 기본적 자유 원칙과 그와 함께 도입된 "권리가 선의 관념보다 우선"(롤스 1994, 364)하는 것은 전혀 다른 방향에서, 즉 공동체주의 이론들로부터 반론에 부딪혔다.(포르스트 1996) 공동체주의는, 롤스로부터 시작된 자유주의는 물론 일체의 자유주의 이론들(드워킨 1977, 라모어 1987, 배리 2001 참조)이 인간이 공동체에 속한 상황이나 공동체에 대해 갖는 의무를 포착하지 못한다고 비판하고 있다.

공동체주의: 정당한 것의 척도로서의 선

공동체주의의 단초는 자유주의 정의이론의 보편적 권리에 대해 분명한 의구심을 드러낸다. 특히 자유주의 정의이론에 내재된 개인주의에 의혹의 시선을 보내고 있다. 즉 스스로 고립된 채 항상 개인적 이해만을 관철하려 하고, 근본적으로 다른 사람 및 사회 전체와의 대립관계로만 보려 하는 거짓된 개인상(像)이 깔려 있다는 것이다. 헤겔의 인륜 개념 이후 뒤늦게 자유주의에는 이러한 비판이 동반되었다. 공동체주의는 이와 다른 대립상을 제시한다. 개인은 국가공동체에 편입된 존재이고(샌델 1982) 핵심가치는 소속감이며,(셀즈닉 1987, 454) 애국심이 당연한 덕목(테일러 1993)이라는 것이다. 사람들은 모두 공동체를 중심으로 결집된 역량에 의지해 살아가며, 공동체는 이들에게 선한 삶에 대한 공동의 관념에서 생겨난 전적인 권리와 의무를 부여한다. 공동체 유지를 위해 보호는 물론이거니와 때로는 희생도 필요하다. 즉 고국을 지키기 위해서라면 무력을 사용하고 죽음도 불사할 수 있다.(테일러 1993, 117)

공동체에 편입된 개인은 공동체에서 정당한 공동생활의 원칙을 획득하고 또 만들어내기도 한다. 따라서 정의는 전통에 입각한 공동의 선에 대한 이해와 밀접하게 연결된다. 이것은 종교적 토대를 가질 수도 있다. 정당한 것은 사람들이 정당하다고 집단적으로 자각하는 것이며, 이것은 공동의 행위를 통해 나온다. 롤스가 만든 것 같은 추상적 원칙이나 그가 기획한 방법들은 공동체주의와는 완전히 대비된다. 보편적 개념과 접목시킨 정의 규범이 생겼으나 공동체적 상황을 지나치게 도외시한 것은 가능하지도 바람직하지도 않다. 정의는 역사와 공동체의 생생한 행동에서 비롯되며, 그와 더불어 공동체의 본질이 표출되도록 장려되어야 한다. 정의의 진정한 내용은 선한 삶의 이념에서 얻어지는 것이지 자유주의자들이 주장하는 것처럼 그 반대로 이루어지는 것은 아니다.

물론 정의의 기본원리를 만들기 위해서는 고유하고 특별한 목표, 의무, 가치 그리고 원칙과 거리를 두는 것이 필요하다는 반론을 제기할 수 있다. 종종 심각한 갈등을 내포하는 *다원주의* 사회가 구성될 때에도, 동질적인 사회의 분배된 재화와의 관련성은 적지 않다. 국가는 이미 오래전부터 결코 공동체가 아니며, 그런 적도 없다. 당연히 자유주의 이론에서 누차 강조하듯, 복합적인 사회에서는 선한 삶의 보편적이고 포괄적인 종교적·문화적 혹은 철학적 개념에 관한 광범위한 합의가 만들어지리라 기대할 수 없다. 이 차이를 극복하고 공동생활을 구성하기 위해서는 기본구조에 대한 합의가 필요하다. 그 구조는 서로 다른 구상을 펼칠 수 있고, 그럼으로써 공동체주의의 의미를 확연히 나타내는 각각의 작은 공동체들을 위한 실질적인 공간을 열어준다.

이 매개 이론을 대변한 사람이 마이클 왈저이다. 왈저는 자유주의와 공동체주의의 관심사를 접목시키려 하였다. 왈저(1983, 12)의 견해에 따르면, 자유주의의 주요업적은 "경계 짓기의 예술"에 속한다. 그 때문에 왈저는 특정 자산을 분배할 수 있는 다양한 영역에서 사회의 차별화를 생각했다. 왈저는 소속감, 안정, 복지, 돈과 상품, 직무, 힘든 노동, 자유, 교육과 교양, 친근함과 사랑, 신의 은총 혹은 정치권력 같은 다양한 자산이 여기에 속한다고 보았다. 이 자산들은 그때그때마다 "올바른" 기준들, 즉 순수하게 역사적으로 성장해오면서 공동체 속에서 확고한 행위로 뿌리내린 의미에서 생겨난 기준들에 따라 분배되어야 한다.

이 두 가지 측면을—자산의 영역과 그 사회적 의미의 분리—연결시킴으로써 왈저는 핵심적 정의의 원칙인 "열린 분배의 원칙"을 만들어낸다. "어떤 사회적 자산 X도, 또 다른 자산 Y를 갖고 있는 남성과 여성들에게 그 의미가 있음에도 불구하고, 오직 이들이 Y를 갖고 있기 때문에 분배되어선 안 된다."(왈저 1983, 50) 이 원칙을 통해 "복합적인 평등" 개념이 만들어지고 유지된다. 어느 한 영역(예를 들면 높은 소득이자나 정치권력)에서 많은 것을 소유한 것이, 그로 인해 예컨대 교육의 기회나 의료보호에 영향을 끼침으로써 다른 영역에서의 위상에 영향을 주어선 안 된다. 왈저가 강조한 것은, 균등한 분배나 재분배를 통해 평등을 확립하는 것이 아니라, 모든 사람이 각 개별 영역들 내에서 확고하게 뿌리내린 기준에 근거하여 그 안에서 분배된 재화를 소유하는 방법을 통해 평등한 자유를 정착시키는 것이다. 이를 통해 돈이나 정치권력과 같은 "지배적 자산"의 "폭정"을 막아야 한다는 것이다.(왈저 1983, 46 이하)

그러나 그의 이론에서 분명히 전제한 바와 같이 왈저가 말한 재화의 의미가 각 개별 영역에서 결코 같지 않을 수 있다는 반론이 제기될 수 있다. 더욱이 공동체주의의 단초에 근거한 왈저의 이론은 그 의미의 추이에 대해 무기력하다. 많은 경제적 비용을 투입해야 교육 혜택을 받을 수 있다는 생각이 점점 확산되면, 과거의 전통을 참조하는 것 이외에는 그 추이를 비교할 수 없으며, 시간이 흐름에 따라 재화의 의미도 달라질 수 있다는 비난을 받을 여지가 있다. 실질적 비판을 위해서는 전통을 뛰어넘는 기준이 필요하다. 이것은 다른 인종 집단이나 종교의 구성원에 대한 혐오감이든, 남성과 여성의 전통적인 역할 상을 고수하든, 종종 전통과 관습에 근거하여 정당화되고 있는 문제성 있는 행위 및 구조들에 적용된다.(프리드먼 1994)

다문화주의: 다양한 문화적 관점과 보편적 원칙

자유주의에서 그렇듯이 다문화주의 이론들도 정의를 우위에 두는 데 문제를 제기한다. 다문화주의 이론들은 정의 담론 속에 사회 속에 함께 사는 인종적·종교적·문화적 소수자들을 동등한 존재로 인정하지 않는 다수사회의 독재가 있다고 본다. 이 비판은 자유주의가 개인을 고립된 존재로 보고 인간적 삶을 영위하는 특성들을 외면하고 있다고 비판한 공동체주의 입장과 아주 흡사하다. 이를 위해 국가와 사회의 도움이 필요하며, 자유주의가 요구하는 바와 같이 실제로는 그들의 행동이 다수사회의 규정에 적응하려 하지 않거나 그럴 수 없는 사람들에 대한 억압으로 이어져 이른바 중립적이고 보편적 규범이 될 수 없다는 것이다.

따라서 다문화주의 이론들은 *집단*들 간의 관계, 특히 다수집단과 문화적·인종적·종교적 소수집단 간 관계에서의 정의 문제에 주목한다. 다문화주의 이론들은 소수집단에 속한 이유만으로 겪는 불이익과 차별의 경험에 응답한다. 그 경험은 해당 그룹의 유형에 따라 서로 다르다. 토착 주민집단에서 언어적 이해 부족이나 소통 부족 때문에 차별이 일어나기도 한다. 이주해온 소수인종 구성원들은 차별과 적대적 공격의 희생자가 될 위험성이 크다. 소수종교를 신봉하는 사람들 역시 그들의 종교 규정이 다수사회에서는 낯설게 여겨지고 오해를 빚을 수 있는 행동을 하는 경우에 불이익을 경험한다. 지금까지는 다수사회 속에서 고유한 종교적·문화적 정체성과 그 상징물(히잡, 터번) 및 행위(기도 및 특별한 종교적 휴일)가 원만하게 조화를 누리며 생활하는 것이 불가능할 정도로 어려운 상황이다.

이러한 부정의의 뿌리들은 똑같이 되는 것을 평등과 동일시하고 종교적·문화적 특수성을 회의적 시각으로 바라보는 문화 속에 내재해 있다. 따라서 다문화주의 이론들은 "집단의 권리"(홀츠라이

튀너 2008a)를 제정함으로써 종교적·문화적·인종적 소수집단에 대한 인정을 제도화할 것을 요구하고 있다. 이에 해당하는 권리 가운데 하나는 해당 집단 구성원으로서의 개인에게 적용되는 권리이다. 이들은 차별로부터의 보호와 때로는 종교 및 문화 행사를 어렵게 만드는 일반규정으로부터의 예외도 필요로 한다. 또 다른 권리는 집단 전체에 적용되는 집단의 권리이다. 즉 이들의 삶과 행동, 사회화 및 그 밖의 성과에서 배려하고 이를 통해 도움을 주어야 한다는 것이다.(킴리카 1995, 35~44)

그러나 어느 집단을 인정하고 그 집단의 권리를 보장하는 규정은 집단에 속한 개별 구성원들에게 문제를 낳는 결과를 가져올 수 있다. 왜냐하면, 다수사회와 마찬가지로 소수집단 역시 복합적인 내부 요인들이 두드러지게 나타나기 때문이다. 따라서 다문화주의에 대해 집단 내부의 차이 또는 "소수집단 내의 소수자들"(아이젠버그/ 스피너 할레프 2005)을 별로 헤아리지 않는다는 비판이 제기되고 있다. 이것은 (소수집단은 아니지만) 여성, 아이들, 동성애자 그리고 종교적·문화적 이단자의 위상도 마찬가지이다. 종교적·문화적 집단 내부에서 개별적으로 행해지고, 당연하게 여겨지는 행위들도 대단히 문제가 많은 경우가 있기 때문이다. 예컨대 강제결혼, 혼인을 빙자한 범죄, 여성 할례, 종교적 혼인법에 의한 여성에 대한 차별대우만을 생각해도 그러하다.(오킨 1999; 샤하르 2001; 자우어/슈트라서 2008)

이 문제들을 어떻게 대하느냐에 따라 다문화주의 이론들을 분류할 수 있다. *자유주의적 다문화주의*는 집단의 권리 제정을 그로부터 이익을 얻는 종교적·문화적 집단들이 그 구성원을 해치거나 부당하게 대우하지 못하도록 연계시킨다.(킴리카 1995) 이 규정을 위반할 경우, 그 집단은 규범적 보편성에서 벗어난 행위들을 없애고, 그것을 강제하거나 정당한 것으로 간주하지 않도록 변경하게 해야 한다. 적절한 개입을 예측할 수 없지만 그 내용과 형식을 마련하는 것(예를 들면 형법상의 금지)이 이론적 고찰의 핵심대상이다.

이에 비해 *강력한 다문화주의*는 종교적·문화적 집단 내부 문제에 대해 간섭이 필요하지도 정당하지도 않다는 전제에서 출발한다. 특히 그 집단들이 "자유주의적"(으로 조직된) 집단인지 그렇지 않은지는 전혀 상관없다는 것이다.(마갤릿/할버탈 1994) 극단적으로 그 집단에 그러한 요구를 하더라도, 집단 내 규범과 행위에 (더 이상) 따르지 않는 구성원에게는 집단을 떠날 기회("출구")를 주면 된다.(쿠카타스 1997) 물론 언뜻 보기와 달리 "출구 전략"에는 많은 전제가 있으며, 문제가 있는 행위들과 개인이 자신의 삶에 대해 독자적으로 결정할 수 없을 때(예를 들면 어린 소녀에 대한 여성할례, 미성년자에 대한 강제결혼 등, 오킨 2002 참조)에 일어난 위반사항의 경우에는 적용할 수 없다.

전혀 다른 측면에서의 다문화주의에 대한 비판은 다문화주의가 종교적·문화적 차이를 일방적으로 승인하며, 사회적·경제적 불평등을 충분히 고려하지 않는다는 데 초점을 맞추고 있다.(프레이저/호네트 2003) 이로써 다문화주의는 자발적으로 형성되고 사회적으로 매개될 수 있는 문화들의 다양한 기회를 약화시키고,(프레이저 2007, 272) 분업, 결정권의 위계, 성과와 소득의 주류 규범들을 통해 발생하며,(영 2007, 63) 여러 집단 구성원에게 아주 다양하게 영향을 끼치는 일체의 불평등도 고려하지 않는다는 것이다. 사람들은 성과 인종에 따른 노동시장의 차별만을 생각하지만, 사회적 명성과 대우라는 측면에서의 확연한 격차도 있다. 무능력, 주변화, 문화제국주의처럼 그와 결부된 현상들은 정의이론이 이에 맞서 적극 대응해야 하는(윌리엄스/마케도 2005) 억압의 징후이자, 가중되고 있는 체계적인 불평등의 산물이다.(영 2007, 64)

이러한 출발 관점에서 보면, 존 롤스가 제안한 차등 원칙은 너무 빈약하고 추상적이다. 더욱이 가장 취약한 계층도 협력적 사회 구성원이 되어야 함에도, 차등 원칙이 이들에게만 도움이 된다면, 그 원칙은 과도한 불평등을 용인하는 원칙이다. 그러나 시장 메커니즘의 작동방식 때문이든, 경제적·문화적·인종적 배경 때문이든 아니면 교육, 재능, 능력 등 그 외의 요인들이 잠복되었기 때문이든, 사회 속에 현존하는 불평등을 막으려는 국가의 의무가 미치는 범위는 대체 어디까지인가? 이로써 우리는 사회정의와 분배정의의 복잡한 문제에 도달했다. 다음의 논의에서 보듯이 이 문제에 대한 답변은 다를 수 없다.

자유주의 정의이론

자유주의 이론의 근간은 사회정의 개념 자체를 단호하게 부정한다. 이 이론의 가장 유명한 대표자인 프리드리히 아우구스트 폰 하이에크(1899~1992)에게 사회정의는 환상에 불과하다. 사회정의는 자유로운 개인이라는 근대적 이상과 화해할 수 없다. 자유로운 개인은 자신과 자신의 행동에 도덕적 책임을 지니며(하이에크 1996. 182) 성장과 복지로 이끌고, 그리하여 모든 사람의 기회와 생활여건을 향상시키는 "시장의 게임"에 참여한다.(하이에크 1996. 187) 소유권 취득을 규정하고 경쟁 조건을 최적화함으로써 교환정의를 제도화하는 합법적인 틀을 만드는 것만이 정당하다는 것이다. 시장에서 각 개인은 상품과 서비스를 그때그때의 시장가치에 따라 거래할 권리를 갖는다. 하이에크는 이와 무관한 기준, 예컨대 소득 혹은 이른바 급부에 대한 실질가치를 개입시키는 것은 어리석다고 생각했다. 시장에서는 누구도 분배할 수 없고, 교환만 가능하며 교환의 결과는 계획될 수 없다. 하이에크는 모든 사람이 당연히 게임규칙을 충실히 따르기만 하면, 시장의 힘에 의한 공정한 게임의 결과 역시 정당하다고 보았다.

하이에크는 정의이론에 관해 집필했다기보다는 반反분배정의 캠페인을 벌인 것이다. 그에게 분배정의는 개별 사회집단이 그들의 고유한 이익을 대충 감추려는 단순한 환상(1996. 93)이 아니라 심각한 위험이다. 하이에크는 소득 재분배에 관한 사회정의를 만들기 위해 국가에게 책임을 떠맡기는 전략은 "우리 사회의 행복과 개인의 자유, 모든 현대적 문명의 파멸"로 직결될 것이라고 보았다.(1996. 195) 하이에크가 보기에 사회적으로 정당한 교정을 위한 일체의 시장개입 행위는 전체주의 경향으로 발을 내딛는 것이다.

또 다른 극단적 자유주의 이론은 로버트 노직(1938~2002)의 저서 『무정부, 국가 그리고 유토피아』(1974)에서 찾을 수 있다. 노직의 출발점은, 모든 인간은 자신이 소유권자이며 그 누구도 자신의 의지에 반하여 소유당할 수 없다는 존 로크의 사상과의 연결 선상에 있다. 이러한 배경 하에서 노직은 과연 어떤 조건에서 현존하는 소유 질서가 정당한지 자문했다. 이를 위해 노직은 부당하게 독점하거나 양도할 수 없다는 두 가지 조건을 가지고 역사적으로 형성된 *정의의 요구 이론*을 전개시켰다.(노직 1974. 202 이하) 노직은 이 문제를 자신의 사유에 끌어들이고, 부당한 이익에 근거한 소유관계는 교정되어야 한다고 요구했다.

요구 이론의 원칙과 충돌하지 않으면, 분배의 결과는 아무 역할도 하지 못한다. 노직이 생각하기에 물질적 불평등이 아무리 크더라도, 그것을 바로잡으려고 개입하는 것은 국가의 임무가 아니다. 아울러 노직은 분배정의 개념 자체도 문제가 있다고 생각했다. 그 이유는 어떤 것이 분배될 수 있기 이전에 그것이 생산되어야 하며, 과거에 누군가의 소유물이어야 하기 때문이다. 만일 어떤 사람이 국가로부터 자신의 소득과 재산을 넘기라고 강요 받는다면, 노직의 관점(1974. 225)에서 보면 그것은 그의 권리를 훼손하는 것과 무관치 않다(역사적 부정의를 교정하기 위한 재산의 변경은 예외이다). 노직은 모든 인간은 자신이 소유권자라는 테제와 연결시키면서 근로소득에 대한 과세가 강제노동과 다를 바 없다는 판단에 도달한다.

노직은 다소 도발적으로, 아무도 실직 상태인 "히피족"에게 가난한 사람들을 위해 일하라고 요구할 생각을 하지 않음을 지적한다. 반면 정상적으로 일하는 대중은 자신도 모르는 사이에 갈취당하는 결과가 된다. 이것이 실현되면 자신들에게 드리워진 과세 때문에 신음하는 사람들에게 큰 도움이 될 것이다. 물론 노직의 이론은

과도한 소유권 개념과 몇 가지 불합리한 요소를 안고 있다. 무엇
보다 조세는 재분배를 위해 징수하는 것이 아니며, 최소국가 역시
자본이 들어간다. 노직은 이러한 도전을 부당한 소유관계를 교정
하는 원칙과 함께 제시한다. 이 원칙을 철저히 이해하지 못하면, 그
로 인해 필연적으로 많은 비용이 드는 재분배의 숙제가 생길 것이
다. 부당한 소유과정은 언제나 일어나기 때문에, 소유관계가 정당
할 수 있으리라는 가정은 성립될 수 없다.

결론적으로 오늘날의 글로벌 금융 및 재정위기를 보면, 모든 것
을 시장에 대한 신뢰에 맡기자는 자유주의 이론의 주장은 순진하
다고 볼 수밖에 없다. 그렇다고 우리는, 시장이 부정의를 낳고 착
취 상황을 제도화하며, 불평등을 제어하는 역할이 진정한 국가의
과제라고 생각하는 사람들에게 위험요인을 해결해야 한다는 사실
을 인식시키려는 명분 때문에 교조적 사회주의를 결코 추종할 수
는 없다. 평등주의나 비평등주의적 인본주의 이론들은 이에 대한
포괄적 근거들을 제시하고 있다.

평등주의: 평등한 기본자산, 재화, 행복

현대 정의이론들은 평등한 자유라는 이상 주위를 맴돌고 있다. 이
이론들은 자유를 사유의 중심에 둘 것인가 평등을 중심에 둘 것인
가 하는 점에서 아주 근본적 차이가 있다. 앞서 설명했듯이, 자유
주의 이론들은 자유를 강조하면서 평등은 지극히 형식적으로만 이

해했다. 평등주의 이론들은 이에 반격을 가하며 사회적 평등이라는 진지한 개념을 전면에 부각시킨다. 평등주의 이론은 사회적 평등 속에 정의에 관한 모든 성찰의 중심축이 있다고 간주한다. 이 이론의 전개에서 중요한 역할을 한 것이 바로 사회적·경제적 불평등은 정당성이 부족하다는 롤스의 사상이다. 정당화될 수 없는 일체의 불평등은 철폐되어야 한다.

여러 복잡한 문제들이 이 테제와 연결된다. 어떤 불평등이 문제인가? 평등주의 노력은 어떤 방향에 초점을 맞추어야 하는가? 궁핍함 속에서 평등을 창출하는 것은 문제가 없는가? 따라서 기본 자산, 재화 혹은 행복을 기준으로 삼아야 하는가? 평등에 대한 요구의 범위를 어디까지 정해야 하는가? 일종의 결과의 평등을 만들기 위해 노력해야 하는가? 아니면 극심한 불평등을 없애는 것만을 중요시해야 하는가? 어떤 문제에 중점을 두어야 하는가? 그리고 마지막으로 불평등이나 차별대우를 낳는 원인을 중요하게 다루어야 하는가?

우리는 마지막 문제로부터 논의를 시작하고자 한다. 평등주의의 보편적 이론들("행복평등주의" 크렙스 2000, 12 참조)은 누군가가 "아무 것도 할 수 없는" 불평등만을 교정할 것을 제안한다. 그와 함께 불행한 일들 그리고 착취로 인해 발생하는 불평등에 대해서도 언급할 필요가 있다. 불행은 도박이나 피할 수 있는 위험의 결과로 발행하는 것이 아니다.(코헨 1989, 908) 이에 따르면 사람들은 자신에게 책임이 없는 불이익에 대한 보상의 권리를 갖는다. 이것은 그 반대로 평등주의에서는 한 개인이 자신의 자율적 결단에 의해 봉착했고 비교 대

상인 다른 사람에 비해 차별대우를 받는 궁핍과 결핍 상황에 대해
서는, 어떤 경우든 정의의 이름으로 보상이나 지원을 받을 권리가
없음을 의미한다. 물론 공정성이 문제가 될 수 있지만 이것은 그
조건이 충족된 경우에 국한된다. 그 외의 사항들은 자비의 영역에
속한다.

얼핏 보면 이것은 아주 밀접한 듯 보인다. 물론 평등주의 원칙의
적용범위는 불행한 일이 무엇인지 폭넓게 규정함으로써 폭넓게 확
장될 여지가 있다. 불행은 부당한 실직, 사고, 심각한 질병 같은 일
들뿐만이 아니기 때문이다. 평등주의는 이보다 훨씬 깊게 파고드
는데, 사람들이 선택할 수 없는 일들이 많기 때문이다. 사회적으로
미천한 신분, 장애를 안고 타고난 경우, 재능 부족이 그런 경우일
수 있다. 어쩔 수 없이 일어난 일에 어떻게 책임질 수 있는가? 어떻
게 주위 환경과 수많은 관계를 맺으며 재능을 펼칠 것인가? 교육
과 사회적 신분은 상호연관성이 있는 경우가 많다. 재능을 개발할
용기가 없는 사람에게 어떻게 부당한 대우를 받는 삶에 대한 책임
을 지울 수 있는가? 평등주의 이론들은 여기서 개인의 책임성이라
는 완고한 구상에서부터 그것을 완전히 배제하는 것에 이르기까지
대단히 폭넓은 스펙트럼을 보여준다.

그 다음 문제는 꽤나 복잡하다. 불평등을 보상하기 위한 노력
들은 어떤 것과 연관되어야 하는가? 문헌들에는 다양한 제안이 있
다. 이것은 기본자산(롤스 1982), 재화(드워킨 1981), 그중에 조건 없는 기본
소득(반파레이스 1991), 행복 혹은 행복을 얻을 기회(아네슨 1995), 이익의 기회
(코헨 1989)가 거론된다. 이 모든 차원들은 모두 그 정당성을 갖고 있

다. 그러나 자세히 살펴보면, 특히 그 목적이 결과의 평등 혹은 불평등을 줄이는 의미에서 심각한 손실을 보상해야 하는 문제가 중요할 경우 난관으로 이어진다.

행복은 쉽게 가늠할 수 없다. 그러나 본질적으로 이 문제는 심도 있게 다루어지고, 이미 행복 자체의 개념에 관한 것이다. 이것은 불쾌함을 유발하는 애착이나 소중한 애착 때문일 수도 있다. 다른 사람의 희생의 대가로 만족을 추구하는 애착은 불쾌하다. 애착은 그 자체로 소중할 수 있지만(예컨대 요트를 갖고 싶은 소망), 그것은 누군가 행복한 상태에서 자산을 교환할 때 효과적이지 못함으로써 생길 수 있다. 어떤 사람이 사과 하나에 만족하는 반면 싱싱한 굴이 아주 많아야 이와 똑같은 행복의 감정을 느끼는 사람도 있다. 이것은 동일한 행복을 낳는 자원이 극도로 불평등하게 분배될 수 있으며, 평등주의 관점에서 보면 용납될 수 없음을 의미한다.(코헨 1989, 913)

*자원의 평등*을 창출하기 위해 떠올리는 단초가 물론 궁극적인 최선의 해결책이 될 수는 없다. 우리는 두 개의 변수를 살펴보도록 한다. 이 이론은 예컨대 조건 없는 기본소득(반파레이스 1991)의 형태로 단순한 자원의 *평등 분배*를 옹호한다. 물론 여기서는 서로 다른 곳에서의 동일한 소득이 상이한 가치가 있다는 점을 유념해야 한다. 따라서 동일한 수의 자원도 행복에 대해서는 상이한 효과가 나타날 수 있고, 어떤 사람이 개인적으로 소중한 애착을 갖고 있거나 비효율적으로 대체하는 것과 상관없다. 추운 기후대에 사는 사람은 단지 얼어 죽지 않기 위해서가 아니라 어느 정도 쾌적한 온도

를 누리기 위해서라도 더 많은 난방용 자원이 필요하다. 이것은 계산상으로도 해결될 수 있다. 그 외에도 인간이 자신의 소득을 어떻게 사용하느냐에 따라 항구적으로 심각한 불평등이 생길 수 있다. 이것을 피하고 *결과의 평등*을 만들려고 노력한다면, 대단히 공격적인 재분배 정책으로 이어질 수밖에 없다. 따라서 엄격한 의미에서 평등은 목적이 될 수 없다. 대체 어떤 불평등을 감수해야 하는가? 문제는 오로지 어떤 불평등이냐 하는 것뿐이다.

두 가지 단초(행복과 자원의 불평등)의 어려움 때문에 아네슨(1994)은 동일하게 *행복을 얻을 기회*를 생각의 중심에 놓고 양자의 혼합을 제안한다. 이를 위해서는 객관적 척도에 따른 등가적 재화가 필요하다. 과연 이것이 어디까지 행복으로 이끌 수 있을지 아무런 역할도 해서는 안 된다. 코헨이 이와 비슷한 문제를 추적했지만 행복의 개념과는 어울릴 수 없었다. 그는 "동등한 이익의 기회"(1989. 916)라는 말을 선호했다. 이로써 그는 이익의 기회를 잡을 수 있는 인간의 능력이 서로 다르고, 때로 당사자의 능력 부족으로 책임질 수 없을 경우에는 보상이 필요하다는 점을 고려했다. 잘못하지 않았는데 일어나는 사고나 태생적인 장애가 그 전형적 사례들이다.

비평등주의적 인본주의: 평등주의의 대안

평등주의 이론들의 쟁점은 언뜻 큰 공감을 얻는 듯하지만, 자세히 살펴보면 이 이론들은 상당한 취약점을 안고 있다. 이에 대한 논쟁은 "비평등주의적 인본주의"(크렙스 2000. 31)라 일컫는 흐름의 등장으로 이어졌다. 비평등주의 이론들은 일방적으로 평등에만 초점을 맞추는 것을 거부하고, 다양한 상황 속에 사람들이 실질적으로 필요한 것에 집중하면서 다른 방향에서 사회정의를 고안하고 성취하려 한다. 핵심 논거를 들면 예컨대 어떤 사람이 특히 차별적 대우를 받는다고 할 때, 다른 사람이 혜택을 더 많이 받는 것이 중요한 게 아니다. 중요한 것은 당사자의 고통과 궁핍을 줄이는 것이다. 다른 사람과 비교하는 것은 전혀 중요치 않다. 그것은 일종의 과잉교정으로 이어질 여지가 크다. "덜 소유하는 것은 […] 전체 양의 소유와 일치하며, 다른 사람보다 더 차별적으로 대우 받는 것이 차별대우 자체를 의미하는 것은 아니다."(프랑크푸르트 1997. 42)

다른 사람이 얼마나 많이 갖고 있는지 곁눈질하는 것은 또 다른 이유에서 문제가 있는 것으로 여겨진다. 그것은 질투나 탐욕과 같은 인간의 독특한 특성을 촉발한다. 로널드 드워킨의 버전인 자원평등주의는 실제로 질투를 피하는 것이 중요함을 보여주고 있다. 드워킨(1982. 285)은 원래 경매 영역에 있는 자원의 분배는 다른 사람의 전체 자원에 대해 어느 누구도 질투하지 않을 때에만 정당하다고 본다. 그렇기 때문에 정의이론은 다른 사람이 무엇을 갖고 있는지 곁눈질하게 부추기는 것이 아니라, 근본적으로 필요한 것이 무엇인지에 주목해야 한다고 비판한다.

비평등주의적 인본주의는 인간적으로 가치 있는 삶을 살려면 사람에게 어떤 것이 필요한 것인지에 초점을 두면서 냉혹하다는 비난을 받는 평등주의 이론의 요소들을 떨쳐내려고 한다. 즉 인간은 가난과 궁핍 상황에 대해 스스로 책임질 수 없을 때 정의라는 이름으로만 도움 받을 권리가 있다는 전제가 그것인데, 이는 중요하지 않다는 것이다. 어떤 사람이 어떻게 가난과 궁핍 속으로 빠져들게 되었는지, 혹은 어째서 태어날 때부터 가난과 궁핍에 처해 빠져나올 수 없는지와 무관하게 인간적으로 가치 있는 삶의 조건에 대한 권리는 보장되어야 한다는 것이다. 여기서 자기 책임의 문제는 완전히 희미해진다.

불행과 불운을 당한 경우에만 보상할 수 있다는 평등주의의 전제는 또 다른 이유에서도 문제의 소지가 있다. 그 경우에 지원이 이루어지려면, 상황의 발생에 대해 심사하고 과연 보상을 받을 만한지 아닌지를 결정할 포괄적 권한을 가진 체계화된 관료제가 필요할 것이다. 이것은 두 가지 문제와 결부된다. 첫째 사적인 영역에까지 깊숙이 개입할 여지가 있다는 점이며, 둘째 그 결과는 *어떤 경우*든 낙인으로 이어진다는 점이다. 그 같은 상황에서 사람들은 당사자에게 책임을 물어 그를 비난하고 궁지에 빠뜨리며 낙인찍을 우려가 있다. 아울러 구걸하는 처지의 사람도 아무 도움을 받지 못할 위험에 방치된다. 도움을 받는다 하더라도 낙인찍히는 것은 마찬가지이다. 즉 보상 정도에 따라 노동시장에서 인정받을 능력이 없고 재능이 부족하다거나, 혹은 넉넉한 보상을 받을 수 있지만 (장애인으로) 무능한 사람이라고 낙인찍힐 우려가 있다.(앤더슨의 신랄한 표현 참조 2000, 140 이하)

여기서 묘사한 취약점과 문제점 들은 행복 평등주의가 갖는 더 심각한 문제들을 환기시킨다. 행복 평등주의는 평등의 *의미*를 소흘히 한다. 엘리자베스 앤더슨(2000. 119)은 멋진 방식으로 핵심에 도 달한다. "평등주의적 평등의 부정적 목적은 인간의 행동에 끼치는 영향을 제거하는 것이 아니라, 당연히 사회 현상인 억압을 종식키 는 데 있다. 반면 긍정적 목적은 […] 사람들이 동등한 존재로 서 로 마주하는 공동체를 만드는 것이다." 이러한 배경 하에 앤더슨 자신은 시민들이 운명에 굴복하고 동정의 대상이기 때문이 아니라, 이들 모두 동등한 존재이며, 이들의 욕구가 똑같기 때문에 이들에 게 권리를 부여하는 민주적 평등을 옹호한다.

하지만 이러한 제안을 통해 부각되는 점은, 앤더슨의 경우처럼 명시적이든 함축적이든, 인간의 동등한 가치를 전제로 삼지 않는 비평등주의 이론은 없듯이, 비평등주의적 위상 역시 평등을 요구한 다는 것이다. 가난과 고통 없는 상황을 이해하는 문제에서도 비교 기준이 없으면 불가능하다. 이러한 의미에서 사람들이 자기 능력을 가능한 훌륭하게 개발시킬 수 있는 조건 하에서 살 것을 목표로 삼는 출발점에서도 평등은 역할을 행사한다.(누스바움 1999; 센 1980) 마사 누스바움은 자신의 이론에서 아리스토텔레스를 접목시켜 훌륭한 삶을 사는 것이 무엇을 의미하는지에 대한 물음과 밀접하게 연결 된 정의 개념을 전개하려고 노력했다. 이를 위해 누스바움(1999. 45)은 인간적 욕구에 관한 이론과 그에 기반을 둔 "아주 모호한 선의 개 념"을 제시했다. 이 개념은 사람들을 다양하고 충만한 삶으로 이 끌 수 있는 현안에 관한 것이다. 이를 위해 필요한 재화는 자율적 인 삶이 가능할 정도로 소유해야 한다는 것이다.

이에 따르면 그녀가 말한 "아주 모호한 선의 개념"은 두 영역을 갖고 있다. 첫 번째 영역은 인간 존재의 필수조건을 내포하는데(누스바움 1999, 49-57), 죽음과 인간의 육체, 즐거움과 고통을 체험하는 능력, 실천적 이성, 사람뿐만 아니라 동물과 자연과의 연대, 유머와 놀이 같은 것이 그것이다. 이를 토대로 누스바움(1999, 57 이하)은 국가적 차원에서 보장해야 할 인간의 기본능력을 개괄적으로 정리하였다. 일찍 죽지 않는 것, 좋은 건강을 누리는 것, 불필요한 고통을 피하는 것, 의무를 받아들이는 것, 선함에 관한 자신의 생각을 펼쳐가는 것, 탐구하는 것 등이 여기에 속한다. 이 점에서 누스바움에게는 선의 이론이 정의이론보다 앞선다. 그러나 공동체주의의 구상과도 달리 그때그때 필요한 경우에 떠오른 선한 삶에 관한 각각의 표상이 아닌 정의롭다고 인정받는 사회에서 충만한 삶을 위한 가능한 여건들을 보장하는 데 중점을 두었다. "정부는 능력을 증진시키고, 나머지는 시민에게 맡겨야 한다."(누스바움 1999, 41)

평등은 최소한 의미만을 가져야 한다(예를 들면 필립스 1999)는 평등주의에 대한 비판으로 사회정의 그리고 자유와 평등 간의 올바른 균형을 둘러싼 논쟁은 다시 종결되었다. 그러나 이 논쟁은 다시 가열되었는데, 이와 관련한 몇몇 세부적 문제들을 자세히 살펴볼 이유는 충분하다.

제3장

복지국가와 친밀한 관계에서의 정의

정의의 원칙들 간의 올바른 균형의 문제는 교육과 직업교육에의 접근, 근로생활, 의료보건제도와 연금제도 등 인간 생활의 여러 국면과 영역에서 아주 다양한 방식으로 제기된다. 이 장의 내용들은 그때그 때마다 어떤 정의의 문제가 제기되며 각각의 도전들에 어떤 원칙이 적용될 수 있을지 탐색한 것이다. 이 문제제기를 위한 연관성이 적절한 자원 공급의 도덕적 권리를 법적 권리 내에서 조세와 분배 체계를 통해 변형시킨 복지국가이다. 그리고 부차적으로 미래 세대와 환경은 과연 어디까지 정의의 사유 속에 포함될 수 있을지를 주제로 다루었다.

사람들 간의 친밀한 관계에 비추어 우리는 오랫동안 사랑이나 충직같이 정의와는 어울리지 않는 토대에 근거하기 때문에, 친밀한 관계는 정의의 사유와는 적합하지 않다고 생각해왔다. 이것은 물론 정의에 관한 문제를 진부하게 만들지 않을 것이다. 그 근거는 다양하다. 사랑의 관계에서도 이해의 대립과 갈등은 있기 마련이다. 더욱이 사람들이 친밀한 관계를 형성하는 방식은 공적 영역 내에서 그의 위상에 중대한 영향을 끼친다. 결국 가정을 "정의의 학교"라는 테마로 다루며, 사회가 어떻게 더불어 사는 인간의 삶에 가까운 정의로운 사회가 될 수 있을지 규명하는 것을 의미한다.

정당한 자원 분배의 연관성으로서의 복지국가

인간의 삶은 여러 단계로 이루어져 있고, 서로 복잡하게 얽힌 여러 영역 속에 진행된다. 인간은 인생 초반기에는 아주 무기력한 존재이며, 사랑이 충만한 보살핌과 보호를 필요로 하다가 점차 교육의 도움으로 자립에 이르게 된다. 그리고 어떤 일에 전념하고 자신과 타인을 위한 책임을 질 기회를 갖지만 위험과 사고, 질병에 직면하다 나이가 들면 결국 죽음에 이른다. 이 모든 연관성 속에서 인간은 사회적 협력을 통해 자원을 소비하고 생산한다. 사회정의의 도전은 사람들이 똑같이 자유로운 개인으로서, 필요로 하고 획득한 재화를 받도록 자원의 분배가 이루어지게 하는 데 있다. 이를 위해 정의 문제에 관한 논의에서 종종 고려되는 세 가지 원칙, 즉 평등, 수요, 소득이 요구된다.(밀러 1999, 68 이하 참조)

복지국가의 임무는 무엇보다 사회 협력의 틀 속에서 벌어들인 자원이, 각 개인이 자력으로는 도저히 충당할 수 없을 정도로 자원 수요가 높은 상황에서 모든 이에게 적절하게 공급되도록 보살피는 것이다. 이를 위해 필요한 재원은 조세 혹은 국가 및 민간보험을 통해 조달한다. 이로써 *상호성Reziprozität*을 제도적으로 정착하는 것이다. 재원 조달 자체가 그것을 보장하는 토대를 형성하는 것이기 때문에 사람들은 급부를 받는다. 동시에 복지국가는 스스로 재원을 출연할 수 없는 사람들과의 *연대Solidarität*도 제도화한다. 살아갈 수 있고 좋은 삶을 영위하는 데 도움이 되도록 이들에게도 자산에의 참여를 가능케 하자는 것이다.(케어스팅 2000a, 31 이하)

보살핌과 교육

인간의 삶에서 단계별로 정의와 연관된 여러 영역을 살펴보면, 우리는 일차적으로 맨 처음의 삶의 단계에 주목하게 된다. 아이를 세상에 태어나게 한 사람은, 자율적으로 삶을 이끌기 위한 조건으로서 능력을 펼치도록 돕기 위해 새로운 생명체로서의 최상의 보살핌을 베풀어야 할 책임이 있다. 이것은 무엇보다 가정에서의 보살핌뿐만 아니라 민간 및 국가 제도를 통한 보살핌도 병행되어야 한다. 아울러 이것은 친밀한 관계와 성 관계에서의 정의 문제와 연관된 중요한 주제이기도 하다.

교육 문제도 함께 제기된다. 교육은 그 자체로 목적이며, 특히 경제 활동을 위한 전망을 본질적으로 개선할 수 있게 하면서 주체적 삶을 영위하게 하는 본질적 수단이다. 교육이라는 기본자산에 주목하면 교육에의 접근 기회는 한 사람이 처한 사회적·경제적 상황과 무관해야 한다는 합의가 점차 지배적 추세이다. 모든 아이, 모든 사람은 연령과 능력에 맞는 최상의 기본교육을 받을 동등한 기회를 가져야 한다. 특히 장애인을 위한 지원이나 이민자 자녀들의 경우, 필요한 언어습득을 위한 후원이 여기에 속한다. 개인이 얼마나 많은 자원을 갖고 있느냐와 상관없이 수준 높은 교육 혜택도 보장되어야 한다. 그러므로 성공하는 데 필요한 교육제도의 성과의 혜택을 받는 사람들의 개인적 능력과 결부하여, 일차적으로 기회의 균등이 이에 상응하는 분배 원칙으로 받아들여진다.

정의와 노동

서구사회는 노동 활동을 중심으로 구성되었다. 누군가 어떤 일을 한다는 것은 고유한 정체성의 본질적 기준이며, 자신은 물론 타인의 삶에도 중요한 의미를 갖는다.(크렙스 2002) 동시에 사회적 협력을 통한 노동은 (좋은) 삶을 위해 필요한 자원을 산출한다. 이외에도 복지국가가 공급하는 자산의 대부분은 근로소득에 대한 과세와 보험급여의 삭감을 통해 조달된다.

노동과 관련하여 수많은 정의의 문제들이 제기되고 있다. 근본적 문제는 노동성과에 대한 평가 문제이다. 대기업 임원과 유치원 여교사가 받는 임금 차이는 엄청나다. 자유주의적 관점에서 보면 이에 대해 이의를 제기할 수 없다. 앞에서 보았듯이, 하이에크는 전적으로 평가의 몫을 시장에 맡겨야 한다고 주장한다. 그러나 평등주의 이론의 관점에서 이것은 대단히 문제가 많다. 그 이유는 시장은 본래 구조적 불평등을 낳기 때문이며, 사회정의의 관점에서 이와 상반된 조치가 필요하다고 보기 때문이다. 성과 인종에 따라 나누어진 노동시장도 이에 속하는데, 일반적으로 여성과 소수인종 구성원이 종사하는 업무에 대한 대우는 열악하기 그지없다.

더 나아가 특정 분야에서는 정규직 일자리가 없어 더 이상 안정적 생활을 보장하는 소득을 올릴 수 없는 추세가 현재 진행되고 있다. 사회는 최저임금제를 도입해 이러한 착취 형태에 대처하고 있다. 최저임금은 국가 차원에서 투기적 경향에 빠진 시장에 제동을 걸기 위해 사회 파트너들이 집단계약 당사자의 교섭의 틀을 통해 확정한다. 이 사회적 파트너십의 행동은 여러 측면에서 낮은 수준을 보이는 국가의 자산 생산이 점차 글로벌 경제체제로 옮겨가는 흐름에 문제를 제기하면서, 궁극적으로 노동 생활에서의 착취 문제를 글로벌적 정의의 주제로 삼고 있다.

모든 사람이 고도의 전문성을 가질 수 없고 대우가 좋고 만족스러운 일자리를 얻을 수 없음은 자명하다. 돈을 받고 하는 많은 일들이 다소 하찮은 것처럼 보이고 또 형편없는 대우를 받는다. 그러나 이 일들은 인간이 더불어 사는 데 아주 중요한 것들이다. 사무실 건물이나 공공장소의 미화원들을 생각해 보자. 그 일을 해야 할 사람이 필요하기 때문에, 이들에게 사회정책적으로 (수준 높은) 교육이 필요하다고 여기지 않는다. 왜냐하면 모든 사람이 전부 교육을 받을 수도 없고 그럴 의향도 없지만, 이들의 생활 및 노동 여건은 정의의 관점에서 보면 똑같이 중요한 문제이기 때문이다. 교육을 사회의 진보성을 나타내는 유일한 지표로 간주하고 학력을 유일한 기준으로 삼는다면, 그것은 근시안적일 뿐더러 때로는 힘들고 더러운 일을 하면서 사회가 작동하는 데 중요한 도움을 주는 사람들에게는 대단히 부당하다.(월저 1983, 244 이하)

경제활동에서 또 다른 정의의 차원은 차별부터의 자유라는 의미에서 비롯된 동등한 대우의 문제이다. 여성, 레즈비언, 동성애자, 인종 및 종교적 소수자들은 그것에 의지할 수 없다. 주지하다시피 이들은 이미 노동시장의 진입에서 차별의 위험에 처해 있다. 반면 이상적 상황은 오로지 이들이 처한 자리에서 중요한 기준을 정하는 것이다. 어떤 사람에게 일자리를 줄 것을 결정하는 것은 자격과 결부하여 평등이 작용하게 하는 것이다(한 사람이 일자리를 얻는다는 것을 "소득을 얻는다"는 의미로).

마지막으로 경제활동 외적인 활동, 예를 들면 개인적으로 가까운 곳에서 다른 사람을 보살피는 일을 하는 사람에게 관심을 돌려보기로 한다. 사랑과 충직에서 비롯된 이 일은 오랫동안 과소평가되어 왔다. 이것은 직업적으로 아이들을 보살피고 병자를 돌보는 일을 하는 사람들에 대한 대우가 매우 열악한 데서 나타난다. 정의의 관점에서 보면 여기서는 많은 분야가 열려져 있다. 그리하여 경제활동 외적인 요양 업무에 대해 어떻게 걸맞은 대우를 할 것이냐 하는 문제가 제기된다. 양육보조금이나 생계지원금 같은 주제가 논의되는 것도 그 때문이다. 여기에는 국가에 대한 요구뿐만 아니라, 그런 활동을 통해 이익을 얻는 개인에 대한 요구도 중요하다. 경제활동에는 이러한 업무에 대한 정당한 평가도 있어야 한다.

불황의 시대에 특히 시급한 문제인 많은 일자리가 불확실해진 상황 그리고 경제활동을 중심으로 한 일상적 생활체계가 어려움에 처한 상황에 직면하여, 소득과 재산에 높은 과세를 책정함으로써 재원을 마련하여 조건 없이 이른바 노동능력 및 노동의지와는 무관한 기본소득을 보장해주는 문제가 재차 고려되고 있다.(반파레이스 1991) 이에 관한 논쟁의 소지는 많다. 이를 옹호하는 사람들은 모든 사람들에게 살 만한 상황을 보장해주고, 조건과 결부시키지 말라고 한다. 반면 이에 대한 비판적 반론은 일을 하면서 사회적 협력에 동참하고 모든 사람이 필요로 하는 자원을 창출할 여지가 있는 사람에게 초점을 맞춰야 한다고 주장한다. 능력이 있음에도 아무 기여도 하지 않은 채 연대공동체에 대한 요구에만 의지하게 만드는 체계를 확립하는 것은 정당하지 않다는 것이다.

정의와 보건

당사자의 사회적·경제적 배경이나 치료가 필요한 상황의 원인과 무관하게, 사고를 당했거나 질병에 걸렸을 때 보건 자산을 포함하여 필요에 맞는 간병 지원을 받는 것 역시 인간적 삶의 기본조건에 속한다. 이 활동에 대한 법적 권리는 질병보험제도와 연계하여 보장된다. 특히 공공의료보험의 재정 부담이 클 경우에 일반적으로 의료보건제도의 재정 조달은 공공사회보험, 민간사회보험 그리고 조세수입의 혼합 시스템으로 이루어진다.(발너 2004. 196 이하) 질병보험의 이념은, 자기 능력에 따라 납부하지만 보험급여액은 소득에 따라 책정하고 소득이나 보험급여액과 상관없이 동일한 간병의 질을 보장하는 것이다. 즉 모든 사람은 질적으로 동일한 보건 혜택을 받을 권리를 갖는다. 이 원칙은 자가 부담, 처방 수수료, 한도금액의 토대, 다른 소득원이나 경제소득으로서의 재산을 고려하지 않는다는 것 그리고 추가로 납부하는 민간보험 등을 통해 상대적으로 적용되고 있다.

수년 전부터 의료보건급여의 재정위기가 정의 논쟁의 핵심으로 부상했다.(케어스팅 2000b) 재정적 문제가 부각되는 원인으로는 여러 요인이 있다. 예컨대 비용이 많이 투입되는 기술로 인한 의학치료 방식의 지속적 발달 등이 그 원인이며, 인구는 계속 늘어나고 수명도 점점 높아지는 인구통계상의 변화 때문이기도 하다. 만성 질병에는 (아무튼 금액 면에서도) 값비싼 약품을 복용해야 하는 지속적인 간병 조치가 점점 필요해지고 있다. 이 때문에 발생하는 비용 부담은, 지금도 골칫덩이인 보건자산의 정당한 분배와 관련한 몇몇 문제들을 더욱 악화시키고 있다. 그리하여 극단적 경우에는 주로 의학적 이유가 아닌 재정적 이유로 특정 서비스를 제공할 수 없는 경우가 발생할 가능성이 있다. 의료보험금을 더 이상 "납부"하지 않는 일정한 연령대부터는 특정 분야의 진료에 대해 국가가 질병보험의 부담을 떠안지 않는 영국 의료보건제도 규정은 악명이 높다. 그러나 여기서 말하는 합리화(쇠네 자이페르트 2006)는 의료서비스를 제공하지 않는다는 의미가 아니다. 의료서비스를 받기 위해서는 비용분담액(자가부담액)을 납부해야 한다. 이 비용분담의 부수 효과는 의료비에 대한 인식을 높여 비용절감을 유도할 수 있다는 데 있다. 물론 사회적 취약 계층은 의료서비스에 대한 권리가 축소되어 이들의 건강에 부정적 영향을 주는 결과를 초래할 것이다.

연금제도에서의 정의

연금 생활을 위한 정당한 자금 조달은 세대 간 정의의 핵심 주제이다. 제2차 세계대전 이후, 독일과 오스트리아 같은 나라에서는 전적으로 분담금 처리방식*으로 계획되었다. 이것은 경제활동 세대가 연금 연령에 접어든 사람들을 돌보는 방식으로, 현재 활발한 경제활동을 하는 세대가 더 이상 경제활동을 할 수 없는 나이가 되면 자신들도 혜택을 볼 수 있으리라는 신뢰에 기초한 방식이다. 사람들은 이를 "세대협약"이라고 부른다. 피보험자는 불입금을 납부함으로써 연금보험 가입 단체에 대한 권리를 획득한다. 다른 관점에서 보면, 연금보험을 납부한 사람들은 윗세대가 자신들을 훌륭하게 양육하고 교육시키는 데 쓴 비용에 대한 보상을 지불하는 것으로 볼 수 있다.(로이터 2005, 166) 연금액은 과거소득과 연계하여 책정되며, 최저임금 규정으로 완충장치를 마련한다. 아울러 (더 나은 여건에서는 향상될) 복지 수준에서 일정한 몫을 보장하는 연금 및 임금 향상에 따라 조율될 수 있다.

이 제도는 현재 다양한 이유에서 시험되고 있으며, 변화를 겪기도 한다. 아울러 인구 구성의 변화도 큰 역할을 하는데, 인구 변화의 특성에서 연금생활자 수는 늘어나는 반면에 경제활동 인구는 정체되는 양상으로 인구 피라미드가 달라지고 있기 때문이다. 이 밖에도 사람들은 이 문제를 신자유주의적 패러다임의 특성 내에서 국가의 연금보험을 분담금 처리방식이 아닌 연기금 적립방식**으로 재원을 마련하여 보완함으로써 해결하려 한다. 더욱이 연금제도를 이런 취지로 완전히 바꾸는 것을 지지하는 사람들이 많다. 그러한 시스템에서는 당연히 다음과 같은 비판이 제기된다. "민간보험제도

* 연기금 담당기관에서 납부자들로부터 돈을 거둬들여 수혜자에게 배분하는 방식이다.
** 향후 연금 지급에 대비하여 미리 그에 상응한 기금을 축적하는 방식이다.

의 취지에서 따지는 납부액의 상등성만을 고려하면 고령층의 빈부 격차를 더욱 심화시킬 것이며, 연금 주체들에게서 민주적으로 통제할 수 없는 자본권력의 집중화 현상이 강화될 것이다. 동시에 자본시장에서의 투자자 리스크도 과소평가할 수 없다."(로이터 2005, 168) 현재 이 문제는 자본시장의 위기가 전체 세대의 연금저축을 점차 기이한 방식으로 위축시키는 또 다른 문제와도 관련이 있다.

이것은 특히 노인요양 비용이 크게 늘었기 때문에 불안정한 것이 아니다. 이것은 각 개인 및 그들과 가까운 사람들의 기회를 높이는 경우가 많다. 따라서 24시간 간병의 경우 "회색시장"이 발달하는 것도 놀랄 일이 아닌데, 특히 간병 업무는 주로 외국에서 온 여성들이 도맡고 있다. 간병 업무의 대가로 이들에게 지불하는 인건비는 상대적으로 적은 금액이지만, 이마저 고향에서 받는 것보다는 가치가 높기 때문에 가능하다. 정의의 관점에서 보면, 이 상황이 대단히 문제가 많음은 자명하다. 하지만 이것은 연대공동체의 입장에서 절박한 재정 문제의 시대에서는 예상치 못한 놀라운 일을 해결한 셈이다.

보충: 세대 간 정의와 환경

"세대 간 정의"(라이스트 1991)의 의미에서 미래 세대의 권리는 민주주의 체제 내에서 다소 축소되는 경우가 종종 있다. 이것은 정책의 시대적 연관성과도 관련이 있으며 향후 전개과정의 불확실성 그리고 미래 세대의 삶의 토대가 실제 결정에 따라 얼마나 큰 위협을 받을지 정확히 알지 못하는 상황과도 관련이 있다. 이것은 자연자원의 활용 및 기후에도 적용된다. 과학적 인식의 근간에 미친 그 영향을 추정할 수 있는 바와 같이 재생 불가능한 자원의 소비 속도가 급속히 빨라지는 상황에 직면하여 이른바 지속성Nachhaltigkeit이라는 개념이 생겼다. 유엔UN은 이미 1987년, 이 개념을 핵심정책의 목표로 선언한 바 있다.(브룬틀란 1987) 간단히 요약하면 다음과 같다. 현재 세대가 필요로 하는 것을 충족시키기 위해 미래 세대에게 해를 끼쳐선 안 된다. 따라서 미래에도 가능한 방법으로 경제를 촉진하고 생활함으로써, 미래 시대에 대한 현재 세대의 도덕적 의무를 훼손하지 않는 것이 중요하다.

이를 위한 몇 가지 지침을 제시하면 다음과 같다. 재생 가능한 원료를 사용하여 원료가 재생되고 새롭게 만들어질 수 있도록 해야 하며, 재생할 수 없는 원료는 절약하자는 것이다(더불어 재생 불가능한 원료 대체방법을 모색하는 것도 목표로 삼는다). 자연이라는 집 Naturhaushalt은 그 자체로 역동적으로 존중 받아야 하며, 특히 기후 훼손은 가능한 피해야 한다. 결국 환경 악화는 쓰레기 보관 및 처리 방식에 따라 줄일 수 있다.(에카르트 2005) 단지 이러한 접근 방법만으로 미래 세대에 대한 책임(비른바허 2003)을 다 졌다고 볼 수는 없다. 오히려 현재의 행동 방식과 조화를 이루는 가운데 우리 세대가 안고 있는 문제들을 줄이고, 글로벌 기준에 따라 정의로운 자원 분배가 이루어지도록 해야 한다.

인간과 동물의 관계도 정의의 관점에서 논의해야 하는가?(허스트하

우스 2000; 마이어 2008) 지금까지 정의는 인간이라는 주체 상호 간의 권리와 의무만을 다루었다. 이러한 맥락에서 동물은 인간에게 어떤 요구도 할 수 없었다. 그럼에도 불구하고 철학적 전통에서 논의된 바와 같이, 인간이 동물을 마음대로 할 수 있다는 생각은 근시안적이다. 인간과 동물 간에는 적절하게 맺어진 연관관계가 있기 때문에, 정의의 사유와의 관계를 완전히 배제할 수 없다.

물론 여기서 이 문제는 다양하게 구분할 수 있다. 인간이 동물에 어떤 책임이 있는가 하는 문제에 대한 대답은 사람과 동물이 서로 어떤 관계를 맺느냐에 달려 있으며 가축, 유용동물, 야생동물, 포유동물, 곤충이냐에 따라 다를 것이다. 우리는 동물들을 자원으로 이용하면서 일종의 *유용동물*로 도구화하는 경향이 있다. 하지만 이렇게 취급하는 방식은 아주 다양하다. 예를 들면 닭을 방목하여 키우는 것과 비좁은 닭장에서 산업용으로 사육하는 방식 간의 넓은 스펙트럼이 그것이다. 신약 개발을 위한 시도의 일환으로 과도하게 동물을 이용하는 것은 어떤 문제가 있는가? 오늘날 동물보호 규정은 동물을 절대 "물건"으로 간주해서는 안 된다고 규정하고 있다. 동물 학대는 금지대상이며, 따라서 유용동물의 사용과 운송에 관한 엄격한 규정을 마련해놓고 있다. 이 규정들은 최근 수십 년 동안 일어난 변화의 표현인데, 이 변화는 동물들이 고통을 느끼는 능력이 있음을 전제로 한다. 마이어(2008, 212)는 "동물이 그저 고통을 느끼는 존재라는 사실만이 동물의 삶의 본질적 요인이라고 규정할 수는 없다"는 것을 극단적(혹은 최후의) 경계선으로 일컬었다.

*야생동물*과의 관계에서는 인구가 늘면서 야생동물들의 생활 영역이 점점 축소되고 있으며, 이로 인해 야생동물에 대한 구제책을 마련할 책임이 도출되어야 한다는 데 있다. 몇몇 동물은 사람과 너무 "친근하게" 되어 이 동물에게 '인권'을 허락해야 한다는 논쟁도 벌어지고 있는 실정이다. 2008년, 스페인 의회는 이러한 조치를 특정 유인원의 관점에서 시행한 바 있다. 이를 둘러싼 의견이 찬반으로 갈라졌다. 즉 유인원은 사람이 아니므로 유인원에게 인권을 적용할 수 없다는 견해가 있었다. 이 문제는 결국 유인원에게 변호사를 선임함으로써 해결될 수 있었다. 한쪽에서는 이 권리의 의미에 대해 회의적인 입장인 반면, 다른 쪽에서는 발의안에 미비한 점이 있음을 발견하고 어째서 *특정한* 유인원에게만 혜택이 돌아가야 하느냐고 따졌다. 이 모든 것들이 논란의 여지가 많은 문제임은 분명하다. 이것은 적어도 특정 동물의 주체적 속성을 인정하라는 요구가 더욱더 지지를 받고 있으며, 유전자 연구의 도움으로 우리 인간이 유인원과 얼마나 가까운 존재인지 더 명확하게 밝혀졌다는 사실 때문이다.

친밀한 관계에서의 정의

친밀한 관계, 특히 부부관계나 가족관계에서 정의는 오랫동안 주제가 아니었다. 이 영역은 사랑의 범주로 여겨졌기 때문이다. 페미니스트들은 시종일관 이를 비판하면서 가부장적 가족 구조에서의

부정의를 지적해온 반면, 전통적 정의이론의 영역에서는 이에 대해
전혀 관심을 갖지 않았다. 롤스(1971)가 그의 정의론에서 사회의 기본
조직으로서 가정을 독자적 장으로 할애하고 "정의의 학교"로서 가
정에 특별한 의미를 부여했다는 사실은 계속 무시되었다. 하지만
실제로 사적인 삶은 정의 사상에서 핵심적 위상을 차지한다. 전통
적 가정은 가족의 역할 분배와 그와 연관된―여자들은 식구들을
돌보고, 남자들은 공평하게 가족의 경제를 책임지는―덕목의 권한
을 부여함으로써 공공생활에서 여성의 상황에 크나큰 영향을 끼친
다. 그렇기 때문에 1980년대 페미니즘의 핵심 슬로건에서 "사적인
것은 정치적인 것이다"라고 외친 것은 당연하다.

　철학사哲學史에서 사랑과 정의의 관계를 테마로 삼은 것은, 무엇
보다 정의가 사랑과 관계없는 것으로 설명하기 위한 목적에서였
다. 데이비드 흄에게 사랑은 정의의 적용조건들을 무효화시키며,
이 때문에 정의라는 덕목은 사랑의 관계에서는 필요치 않다. 마음
은 조화로움 속에서 이루기 때문에 이해의 대립도, 부족한 재화를
둘러싼 경쟁도 없다. 가정에서 사람들은 지속적으로 이 이상에 도
달하려 하고, 광범위한 합의로 귀결된다. "입법은 결혼한 사람들
간에 우애의 결속을 아주 강력한 것으로 간주함으로써, 일체의
재산 분리를 지양한다. 실제로 이것은 종종 이러한 결속이 갖는 힘
이기도 하다."(흄 1740, 104)

　가정에서 이해관계의 통일성을 추구한 흄의 이상은 공동체주의
자 마이클 샌델 사상의 직접적인 출발점이다. 샌델에게 이상적 가
족 상황은 개인의 권리와 공정한 결정 절차가 고려되는(되어야 하는)

경우가 드물다는 데 있다. 오히려 자신의 공정한 몫을 거의 요구하지 않는 호의의 정신이 지배한다.(샌델 1982, 33) 이해관계가 서로 다르고, 정의의 적용 상황이 전면에 부각될 경우에, 이것은 관계 상실의 징후라는 특성의 손실과 관련이 있다. 샌델은 여기서 한 걸음 더 나아간다. 즉 정의의 논증을 제시하면 이 상황은 이상적 특성을 강탈당한다는 것이다. 왜냐하면 정의를 요구하는 사람은 (더 이상) 호의를 통해 자신에게 부여된 것을 얻을 수 있으리라 기대하지 않기 때문이다. 서로 간의—정당한—이해의 조정은 관계의 특성에 대한 부당한 간섭으로 여겨진다. 이해의 차이와 갈등의 해결은 조화와 관계 자체에 대한 단순한 위협으로 나타난다.

사랑은 단순히 사랑하는 행동을 통해 나타나듯, 마치 평행우주처럼 여겨진다. 그러나 사랑은 이 세상과 시대에서 일어나는 현상이다. 사랑이 다른 사람의 삶에 관여하는 계기가 된다면, 일상에서도 입증되어야 한다. 여기서도 마땅히 다양한 이해에 관한 의사소통과 권리 및 의무의 분배가 이루어져야 한다. 이것들은 체험된 사랑의 복합적 과정으로서의 기능적 관계의 특징이다. 정의의 문제를 둘러싼 건설적 논쟁들은 사랑에 관한 깊이 있는 담론으로 이어질 수 있다. 그 반면에 사랑은 (의식적 혹은 무의식적) 사랑의 없음 상태로 재구성될 개연성이 있는 항구적인 부정의 때문에 상실될 수 있다.(홀 츠라이트너 2001) 아울러 더불어 사는 삶의 정당한 구조는 (종종 가정되는 바와 같이) 결코 모든 사람이 똑같은 일을 하는 것을 의미하는 것이 아니라, 오히려 각각의 기여도의 균형을 위한 노력이 중요하다. 비록 여러 측면에서 아쉬운 점이 많지만, 1970년대 이후부터 법적으로 확립된 부부간 파트너십 원칙이 이에 해당된다.

자녀가 생기면 정당한 관계를 위한 노력을 기르는 것이 특히 중요하게 여겨진다. 자녀들이 정의에 대한 인식을 키우도록 도와야 하고, 이들에게 본을 보여야 그에 대한 인식을 갖기 때문이다. 어른들의 상호행위의 가장 일차적이고 인상적 사례는 지배, 조종 혹은 일방적인 자기희생의 특징을 띠어선 안 된다. 자녀들이 배려와 존중의 대접을 받지 못하면, 정의에 초점을 두고 사는 인간으로 성장할 수 없음은 분명하다. 이 밖에도 가정에서 파트너십에 입각한 책임에의 참여는 지속적으로 긍정적 영향을 끼친다. 아주 당연한 말이지만 수잔 몰러 오킨(1991, 17 이하)은 아이건 어른이건, 남을 보살핀 경험이야말로 타인의 입장을 헤아리고 포괄적 관점에서 그의 입장을 이해하는 능력을 키워준다고 주장하였다. 이 두 가지 능력은 정의의 인식에서 아주 중요하다.

아이들은 "단순한" 정의 "이상"을 필요로 한다. 성장과정에서 자녀들은 사랑과 보호가 동반된 보살핌을 받아야 한다. 그래야만 삶의 도전을 키우기 위해 필요한 자신감과 자존감을 개발할 수 있다. 특히 페미니즘 문학은 이 문제를 정의의 논쟁에 끌어들였다. 캐롤 길리건(1982)이 대변하는 이 사유는 정의의 우선순위를 지극히 일반적으로 상대화하고, 보살핌의 차원을 도덕의 "다른 목소리"로 통합하려는 목적을 갖는다. 그 밖에도 이것은 한편으로는 돌봄이나 다른 한편으로 이해의 정당한 조정 없이도 성적(性的)으로 코드화될 수 있다.

가까운 관계의 또 다른 차원은 우정이다. 우정은 사랑과 비슷한

것으로 여겨진다. 우정은 '단순히 정의로운 것 이상이다.'(아리스토텔레스,
「니코마코스 윤리학」 VIII~IX권) 그렇다고 정의의 가치가 들어설 자리가 없음
을 의미하지 않는다. 물론 그 요구는 낯선 사람들과 순수한 영업
적 관계에 있는 사람들 사이와는 다른 관계에 있다. 그것은 친구
나 연인 들이 속임을 당하지 않으리라 믿게 하는 체험된 호의 속에
내재해 있다. 얼핏 보면 정의는 단련되고 생동감 있는 행위이기 때
문에 저절로 생기는 것으로 여겨진다. 그러나 이것은 갑자기 그 부
재를 느꼈을 때 비로소 그 의미를 깨닫게 되는 엄숙주의가 배제된
정의이다.

친밀한 관계를 위한 정의

여러 세대가 함께 사는 삶의 의미를 고려하면, 국가가 혼인과 가족
을 제도적으로 견고하게 하고, 후원하며, 분명한 이상을 근간으로
규제하는 것은 언제나 가치 있고 정당한 것처럼 여겨진다. 생활공
동체를 위한 정당한 규제가 혼인에 대한 규제와 점차 비슷해짐을
깨닫게 되면서 결혼한 사람들은 다른 사람이 갖지 못한 이점을 누
린다. 패치워크 가정*의 현실이 이를 필요로 한다. 계속 발전해온 정
의관은 평등사상의 영향을 받아 상이한 두 방향으로 진전되었다.
첫째는 성 평등 관계를 위해 배우자의 권리와 의무를 동등하게 하

---

* 재혼한 배우자가 각각 전 남편과 전 부인 사이에서 태어난 자녀를 데려오거나 입양을 통해 구성
  된 가족 형태를 말한다.

는 정당한 환경을 마련해 달라는 요청이다. 이것을 실행할 수 있는 가장 단순한 방법은 스페인과 스웨덴에서 시행되는 바와 같이 성평등에 입각한 배우자를 위한 혼인의 개방성이다. 그러나 지금까지 이것은 도처에서 이념적·종교적 거부감 때문에 좌절되었다. 물론 종교적 근거를 내세우는 사람들은 교회와 국가의 분리를 충분하고 진지하게 받아들이지 않는다는 비난을 받을 수 있다.

두 번째, 이에 비해 (더욱) 급진적 관점은 신분공동체로서 혼인에 대해 근본적 의문을 제기하고, 동성애 행동주의가 결혼에 대한 소망으로 고집하는 것을 볼 때 그것을 잘못으로 보는 입장이다. 혼인은 특권을 나누고 항상 많은 문제점을 드러내는 불평등이 공존하는 모습을 보여주었다. 혼인은 원래 전체 연대공동체의 과제나 사회적으로 받아들여져야 하는 생계유지를 개인의 몫으로 돌린다는 비판을 받는다. 이것은 자녀 양육, 나이가 들어 질병에 걸렸을 경우에도 마찬가지이다. 혼인 폐지만이 성에 대한 편견 해결과 부양 공동체로서의 혼인의 분리 등을 포함한 급진적 사회비판의 목적을 실현할 수 있다는 것이다. 그러나 혼인 폐지의 소망은 많은 사람들이 원하는 것이나, 이들의 이해에 일시적으로 눈길을 건네는 유토피아 사회에서나 이루어질 수 있을 것이라는 반론이 제기될 수 있다. 법적 규정과 방식들은 관계 단절에 있어서 당사자 사이를 매개하는 중요하고 생산적인 역할을 행사할 수 있다. 여기서는 자녀양육 문제에 관한 책임과 재화의 분배가 문제가 된다.

수많은 친밀한 관계들이 실패를 겪었다. 국가 제도는 여기서 중요한 과제를 맡는다. 아이들이 무시와 괴롭힘을 당하고, 여성, 장애인, 병자들이 학대 받고 폭력에 시달린다면, 국가가 개입해야 하며 사적인 문제들을 "가정 내부"의 일로 숨겨선 안 된다. 이를 위해 국가는 분배정의의 의미에서 충분한 조치를 취해야 한다. 이로써 페미니즘에 영향을 준 롤스의 문장의 의미(2001. 257)가 새롭게 대두된다. "이른바 사적인 영역이 그 안에서 정의가 적용되지 못하는 공간이라면, 그 영역은 존재하지 않는다."

친밀한 관계를 통한 부정의

자신이 태어날 가정을 선택할 수 있는 사람은 아무도 없다. 그렇기 때문에 사람들이 사용가능한 자원을 고려할 때 처음부터 아주 다양하게 공급될 수 있는 문제를 다룬다면 그것은 사회정의의 테마이다. 이로 인해 생긴 불평등은 엄청나다. 이미 평등주의에 관한 장에서 언급한 바와 같이 불평등은 모든 삶에 영향을 끼친다. 불평등을 균형에 맞추도록 조정하려면 유산, 증여 그리고 재산 자체에 대한 세금을 높게 인상해야 한다. 가족 간에 발생하는 불평등도 이미 롤스(1971. 555)가 혼인과 가족을 폐지하는 것이 더 낫지 않은지 고민한 이유의 근거 가운데 하나이다. 그러나 롤스는 그 이상에 대해 비판적 입장을 보였는데, 그것은 가족 내부에서 얻어진 성과들과 "사적인 가치"(뢰슬러 2001)가 중요하다고 여겼기 때문이다.

더욱이 가족(비단 가족만이 아니라)은 친밀한 관계를 맺고 있고, 어떤 경우에도 서로 친밀감을 느끼는 인간들 간의 애정과 결합되어 있다. 가족 구성원, 친구, 같은 동아리, 더 나아가 성과 인종이 같은 사람 등이 그러하다. 가족 구성원의 경우에 이것은 '연고주의'라는 이름으로 나타난다. 사적 생활과 공공생활 간의 불확실한 균형이 여기서 드러난다.

제4장

불평등과의 연관성에서의 성性 정의

성 관계에서 정의에 관한 문제는 남녀 간 관계에서 불평등과 관련이
있다. 이 문제는 여성이 여전히 대표성을 갖지 못한 사적 생활의 조직
이나 공공생활에도 해당된다. 이와 관련한 주제에 접근하기 위해 우
선 성 차이가 어떤 의미가 있는지 살펴보도록 한다. 그와 함께 다양
한 페미니즘 이론들과 성 관계에서 평등 및 불평등 이론들의 관점을
서술하고자 한다. 더 나아가 이러한 배경 하에서 성 정의를 위해 어떤
노력을 기울여야 하는지에 대해서도 숙고할 것이다. 아울러 성 차이
의 관점에만 집착하는 것은 지나치게 협소하다는 점도 잘 알고 있기
때문에 인종, 종교, 성적 취향 같은 또 다른 불평등의 축 역시 고찰 대
상에 포함하였다.

양성 간의 평등과 차이

성 관계에서 정의에 관한 논쟁은 종종 "동등한 것은 동등하게, 동
등하지 않은 것은 동등하지 않게 다루라"는 평등에 관한 아리스
토텔레스의 유명한 글로 시작되는 경우가 있다. 사람들은 전통적
으로 이 말을 여성이 남성과는 다른 존재이기 때문에, 여성은 다른
대우를 받아야 한다는 견해의 근거로 삼고 있다. 오랫동안 관습적

으로 '여성의 본질'이라는 관념이 지배적이었는데, 여기서는 불가피하게 여겨지는 문제들, 즉 아이를 낳고 자녀를 돌봐야 하는 여성의 운명이 이 관념의 핵심을 이루고 있다. 페미니즘은 이 시각에 근본적 의문을 제기한다. 본질적으로 페미니즘은 육체적 영역에서는 확연한 성별 차이(생물학적 성)가 있으나, 사회적 성 역할 형성의 관점에서는 결코 필연적 결론이 나올 수 없다는 인식을 드러낸다. "사람은 여성으로 태어나지 않는다. 그저 만들어질 뿐이다"라는 시몬 드 보부아르(1949, 265)의 고전적 문구가 이를 정확히 표현하고 있다. 사회생활에서 성 차이는 어떤 역할을 해야 하는가? 과연 어느 범위까지 성 차이를 고려한 정당한 성 관계의 형성이 필요하며, 차라리 그것을 완전히 무시해야 하는가? 그것은 대체 가능한가?

이미 1940년대 후반 보부아르가 대변한 *휴머니즘적 페미니즘*은 여성에 대한 완고한 위상 지정에 맞선 급진적 방어로 여겨졌다. 휴머니즘적 페미니즘은 남성과 여성을 그저 평등하게 대우할 것을 요구한다. 성은 어떤 역할도 하지 않는다. 남성과 마찬가지로 여성은 모든 것이 동등하게 좋을 (혹은 나쁠) 수 있기 때문이다. 물론 그 단초는 남성의 기준에 의한 것이 아니다. 여성은 남성과 같은 존재여야 하며 그럴 수 있다. 따라서 또 다른 페미니즘의 단초인 *차이 이론*은 남녀의 생물학적 차이, 특히 사회적으로 나타난 재생능력에 면밀히 주목할 것을 요구하며, 이를 무시해선 안 된다는 입장을 취한다. 자녀는 물론 보호가 필요한 주변 사람에 대해 여성이 오히려 더 큰 책임을 떠맡는 경우가 많으며, 그렇기에 특별한 후원이 필요하다. 기준을 정하는 남성에 비해, 여성이 "특별한" 욕구를 갖고 있다는 관점은 당연히 여기서는 포기되지 않는다. 남성이 지배하는 사회의 틀 속에서 여성은 "난제"를 안고 있다.

그렇기 때문에 *여성 중심적 페미니즘*은 여기서 한 걸음 더 나아간다.(영 1985) 이 이론은 전체 사회에 가부장적 가치가 깊이 배어 있다는 데 문제가 있다고 본다. 사회는 보살핌, 동정, 모성애 같은 고전적인 여성적 가치에 따라 변해야 한다고 주장한다. 이 요구는 정의 개념 자체에 대한 비판과 관련이 있는데, 이해의 대립 그리고 누구의 이해가 관철될 것인가를 둘러싼 갈등을 "분리"할 것을 강조한다. 이러한 관점은 전형적으로 남성적 관점으로 폭로되고 비판된다. 여성적 요소를 함축하는 보살핌의 도덕적 원칙이 전면에 드러나야 하며, 그것이 정의를 대신할 수는 없지만 정의를 풍성하게 하고 보완한다고 본다.(길리건 1982; 나글 도체칼/파우어 스튜더 1993 참조)

페미니즘적 *지배와 억압 이론*(매키넌 1989)은 전혀 다른 관점을 제시한다. 여기에서 여성성은 기형적인 왜곡의 결과로 나타난다. 여성적 가치는 남성적(성적) 폭력이 지배하는 세계에서 단순한 생존전략으로, 여성은 자기 몸의 소유권을 몰수당한 존재임을 의미한다는 것이다. 따라서 여성의 물화物化를 종식시키기 위해서는 이 세계의 근본적 혁신이 필요하다. 이 물화가 근본적 방식으로 성의 영역에서 나타나기 때문에, 어떤 상황에서든 성적 불평등 관계로서의 포르노그래피와 성 노동을 추방할 것을 옹호한다.

현재 유행하는 *교차 이론*(클링어/크납 2007)은 남성적 권력과 여성적 무기력 간의 대립이 지나치게 단순하며, 불평등 관계의 복잡한 현실을 파악하지 못하게 만든다는 점에 주목한다. 우리 모두는 우리가 속한 각 집단의 구성원으로 다양한 주관적 위상의 교차점에 있다. 인종과 혈연과 같은 특성 및 소속, 연령과 육체적 능력, 문화, 언어, 종교적·사회적·정치적 위상 등이 이에 속한다. 그에 따른 각 집단의 차이들은 다양한 방식으로 각각의 생활 상태를 통해 나타난다. 상황에 따라 동일한 사람이 특권과 억압을 동시에 경험하는 경우도 있다.(영 2007, 429) 억압의 다양한 축이 동시에 작용한다는 테제는 그에 따른 성 정의의 복합적 관계에서 핵심을 이룬다. 성은 특정한 역할 관념에 근거하여 여성에게 불이익을 끼치는, 본질적으로 구조화된 특성이다. 이 역할 관념은 사회적·문화적 또는 종교적 맥락에 따라 아주 다양하다. 그러나 여성에게 특정한 역할을 부여하고 남성과는 다른 것을 요구한다는 점에서 있어서 당연히 (여전히) 똑같다.

더욱 복잡한 문제로서 성 이론의 새로운 인식 역시 육체적 성에 문제를 제기한다는 점을 덧붙일 수 있다. 트랜스젠더의 생활 방식과 인터섹슈얼적인 육체 형태는, 지배질서에 의해 당연하게 받아들이는 규범에서 일탈한 문젯거리로 간주되고 있다. 그러나 성은 단순하게 존재하는 것이 아니라, 자기 육체성의 여러 의미와의 논쟁 속에서 개별적으로 동일화되는 과정이다.(홀츠라이트너 2009) 이 관점은 여성성과 남성성이라는 기존 관념을 비판적으로 성찰케 하는 계기가 될 수 있으며, 이 사회가 성에 관한 기술에서 대대적인 변화의 폭에 걸맞은 방법을 예비하게 할 것이다.

동등화를 통한 정의

아무튼 오늘날 자유주의 법치국가 및 입헌국가에서 여성들은 형식적으로 동등한 기본권을 갖고 있다. 이것은 정치 담론에의 동참이나 노동시장과 다른 공공생활 부문에의 참여에서도 마찬가지이다. 역사적 관점에서 그리고 이 세계의 국가의 관점에서 보면, 이 발전은 저절로 이루어진 것이 아니라 힘겨운 과정을 통해 쟁취한 성과물이다. 물론 형식적으로 동등한 참여권이 정치의지 형성에의 동등한 참여를 반영하는 것은 아니다. 노동시장에서 여성의 상황도 마찬가지이다. 이 장에서는 성 관계에서 이러한 불평들을 철폐하는 데 도움이 되는 전략들을 개괄적으로 살펴보고자 한다.

모든 사람은 차별대우를 받지 않을 *개별적 권리*를 갖는다. 성차별은 어떤 사람이 특정한 성을 갖고 태어났다는 이유 때문에 불이익을 당하는 경우를 의미한다. 이 차별은 직접적일 뿐만 아니라 간접적으로 일어나기도 한다. 간접적 차별은 아마 불편부당해야 할 규정이 한쪽 성을 가진 사람에게 불이익을 당하도록 영향을 끼치는 경우일 것이다. 그 실례가 비정규직 근로자들을 더욱 힘겨운 상황으로 몰아놓는 규정들일 것이다. 남성들보다 여성들이 비정규직종에 많이 종사하기 때문에, 일반적으로 여성들이 훨씬 더 많이 이 규정들의 적용을 받고 있다.

특별한 도전들이 (성이나 인종으로 인한) 다각적 차별 상황 혹은 여러 차별적 요소들(*교차적 차별*. 크렌쇼 1989)로 인한 불이익을 나타낸다. 예를 들면, '여성'은 물론 '무슬림'을 고용하지만 '히잡을 쓰는 무슬림 여성은 고용하지 않는 기업이 있다. 이 기업은 관련 규정의 범주에 속하는 당사자('여성', '무슬림')에게 아무런 차별도 하지 않는다는 점을 근거로 내세워 이 여성을 고용하지 않는 조치를 정당화하려 할 여지가 있다. 즉 '히잡을 쓴 무슬림 여성'은 보호대상 집단이 아니라는 것이다. (자기 회사가) 여성을 고용한 것은 성적 편견을 갖고 있지 않으며, 무슬림을 고용한 것 역시 종교적 이유로 차별하지 않고 있음을 증명하는 것이라는 주장이다. 그러나 이 주장은 비차별의 사유를 부조리하게 만든다. 현실적으로 이 특성을 혼합한 데에만 그치고, 이로써 명백하게 파악할 수 없는 이들을 하위집단으로 만듦으로써 이 상황의 차별적 특성을 해소하지 않는다는 데 문제가 있기 때문이다.(홀츠라이트너 2008b)

반反차별 이외에 또 다른 지속적 조치가 필요하다. 이 조치들은 차별적 구조가 만연하며 그 메커니즘을 개별적으로 파악하기 힘든, 이 사회가 설치해 놓은 장애물을 제거해야 한다.(뢰슬러 1993a, 8) 이 것을 막기 위한 여러 방법이 있는데, 여성과 불이익을 당하는 다른 집단 구성원들을 위한 특별 연수과정에 관한 멘토링 프로그램이 그것이다. 탁아시설 확충도 종종 여성에게 도움이 되는 정책으로 여겨진다. 이외에도 대표성이 약한 집단 구성원들을 우선적으로 고려한 *쿼터 규정*도 있다. 쿼터 규정은 사회적으로 높은 가치를 인정받는 관직이나 지위를 균형적으로 배분하고, 다른 자원을 얻기 위해 정해진 쿼터에 도달할 때까지로 약정해야 한다. 잘 알려진 것은 특히 우선권의 동일한 혹은 충분한 자격에서의 일자리와 직업을 둘러싼 경쟁에서 부당한 대접을 받는 집단 구성원들을 위한 규정이다. 또한 대의제 민주주의 내에서의 쿼터제도 확산되었다. 이 쿼터는—'일방통행 시스템' 형식으로—'경직'되거나 단순 목적으로 기능할 개연성이 있다.

보편적으로는 평등 그리고 특별하게는 기회균등 문제에 비추어 쿼터제 우선 규정은 논쟁의 대상이다. 쿼터제는 성과지향적인 관점으로 평등 또는 균형적 대표성을 목표로 한다. 부족한 재화를 배분함에 있어서 성, 인종, 피부색 같은 기준이 우선적인 고려 대상으로 허용될 수 있을지가 정의의 논쟁에서 근본문제로 간주되고 있다.(네이글 1973) 원칙적으로 차별대우는 어느 정도 허용된다는 것을 기억할 필요가 있다. 물론 각 기준의 타당성은 근거가 있다. 쿼터제의 경우에는 개별적으로 종종 파악하기 어렵고 차별적 구조가 있음을 보여주는데, 그 구조를 통해 주변부적 특징이 마치 자동적으로 결정에 영향을 미친다. 쿼터제는 이를 명확히 보여주고 상황을 반전시킨다. 과거에는 불리했던 기준이 이점이 된다. 이것이 어떻게 증명될 수 있을까?

보상 평가 이론(톰슨 1973)은 사회가 차별적 법률, 태도, 행동 때문에 해당 집단을 부당하게 대우하지만, 그 부당함에 대해 보상하는 것을 전제로 한다. 노동시장에서 해당 집단의 개별 구성원을 우선적으로 고려하는 형식으로 보상이 이루어질 수 있다고 본다. 그 누구도 특정 일자리에 대한 권리를 갖지 않으며, 일자리 같은 사회적 이익에서 차별 받는 집단 구성원의 요구는 점점 높아지기 때문에, 이러한 조치 때문에 법이 훼손된다고 보지 않는 것이다.

보상 평가에 대해서는 직접적으로 과거의 차별에 책임질 수 없는 사람들에게 보상의 부담이 돌아간다는 비판이 제기되고 있다.(딸린워더 1986) 탐나는 지위를 두고 (과거) 차별 받는 집단 구성원들과 경쟁했던 젊은 백인 남성들의 경우가 그 예이다. 이들이 부당한 차별을 통해 이득을 얻었다는 사실이, 이들에게서 형식적 평등 기회의 권리를 빼앗는 명분으로 충분치 않다는 것이다. 따라서 *기회의 평등에 대한 출발*의 초점은 미래에 맞춰져 있다. 쿼터는 실질적 편견 구조를 허무는 "쇠지레"(소멕 1997, 258)로 사용해야 한다. 향후 이 부문에서 중요한 기준의 공평한 적용을 담보하기 위해 과도기에는 성이나 인종 같은 중요치 않은 기준들이 고려의 대상이었다.(딸린워더 1986)

평등의 기회에 대한 논증에 대해서도, "쿼터제 낙오자"의 권리를 진지하게 고려하지 않는다는 비판이 제기되고 있다. 로널드 드워킨(1977)은 동등하게 존중 받고 배려 받을 각 개인의 기본권이 필연적으로 형식적으로 동등하게 대우 받을 권리를 함축하지 않는다며 이를 비판하고 있다. 불평등한 대우를 받는다고 당사자가 덜 존중 받고 배려 받는다고 할 수는 없지만, 불평등한 대우를 불이익 체계에 적용해선 안 된다는 것이다. 그렇기에 드워킨이 보기에는 쿼터 규정 역시 정당하다. 그 이유는 쿼터 규정이 백인에 대한 차별 체계에 적용되는 것이 아니기 때문이다. 이 규정은 단순히 차별 받는 집단 구성원들이 겪는 (출발의) 불리함을 보완하는 데 기여하며, 엄격하게 정해진 조건 속의 몇 가지 문제에만 관련된 것이다.

다양성 역시 쿼터제 정책의 근거가 될 수 있다.(버그만 1996) 한편으로 다양성은 그 자체가 가치로 인식되며, 다른 한편으로 직업교육의 질을 끌어올리고 중요한 결정을 이끌어냄으로써 일종의 도구적 역할의 의미를 갖는다. 모든 집단의 욕구와 고유한 문제들을 적절한 방식으로 인지하기 위해 다양한 사회집단 구성원이 주요 조직에서 대표성을 가져야 한다는 것이 민주정치의 관점에서 논쟁의 대상이 되고 있다. 물론 이것은 주변부 집단에게만 해당되는 것이 아니다. 다양성은 권력을 분산시키고 획일적 엘리트에게만 특권과 영향력이 축적되는 것을 막는다.

때로는 아주 근본적으로 쿼터제가 권력과 재산, 특권의 위계적 분할에 어떠한 변화도 가져올 수 없기 때문에, 쿼터제만으로는 충분하지 않다는 반론이 제기되기도 한다.(네이글 1973) 누가 시장에서의 경쟁에서 성공하느냐에 따라 보상이나 평등이 좌우될 수 있다는 점도 문제이며, 그로 인해 발생하는 부정의는 쿼터제를 통해서도 해결될 수 없다는 것이다. 오히려 쿼터제는 각 개인에게 충분히 노력하기만 하면 일정한 특권을 보장 받는 데 참여할 수 있음을 암시하면서 지배적 사회구조를 은폐하는 데 이용될 뿐이라는 것이다. 다른 한편으로 어떻게 보면 쿼터제는 지금까지 그로부터 배제된 사람들을 참여시킴으로써 특정한 지위와 관련된 특권을 축소시키면서 평등적 경향을 마련하는 계기가 될 수도 있다.(소맥 1997)

성 평등을 위한 가장 최근의 접근 방법론인 *성 주류화Gender-Mainstreaming**도 정책 입안의 한 방법이다. 성 주류화는 정치적 정책마다 그것이 성 정의에 도움이 되는지, 손해를 끼치는지 미리 살펴

---

* 사회 전반의 영역에서 여성이 주체적으로 참여하여 결정권을 가짐으로써 여성이 동등한 권리를 갖고 성 불평등이 없는 정책의 구현을 목적으로 한다.

도록 준비한다. 이것은 성에 따른 자원의 분배, 제도권에서 시행되는 규범과 가치들, 대표 기관과 법적 규정 등 다양한 부문에서 분석된다. 그 구상은 결정권을 가진 사람이 성 정의 구현에 대한 책임도 지도록 하며, 이 과제를 하위 부서나 여권 신장 관련 기관에 맡기지 않도록 하는 데 있다. 이에 따르면 그 책임은 "최고위직에 있는 사람"에게 있다.(도블호퍼/큉 2008, 34)

성 주류화는 정치적 정책의 고안에서 단순히 성 관점을 덧붙인다는 것을 의미하는 것이 아니다. 성 문제를 고려하면 문제 자체가 달라질 수 있다고 보기 때문이다. '정상적'으로 보이는 사안에 대한 관점이 성과 연관된 사례가 많다는 인식이 이와 맞물려 있다. 또한 성 주류화의 범주 내에서는 동질적 사회를 근거로 하는 것이 아니라 집단 내부의 차이들을 고려해야 한다는 복합성에도 기여하게 된다. 이것은 그 분석이 성을 고려하여 이루어짐을 의미하지만 그 차원에만 머물러선 안 된다. 남성들 역시 '여성의 문제들'을 갖고 있음이 분명하다면, 정치적으로 책임 있는 사람들은 일반적으로 익숙한 문제들보다 오히려 공동의 해결책을 모색하려는 경향이 있다.

전형적인 사례가 바로 '양립성 문제'이다. 직장생활과 개인생활의 양립은 다른 사람을 보살펴야 하는 사람들에게 큰 주제가 아닐 수 없는데, 주로 여성들이 이에 해당된다. 이와 관련된 주제들을 주변부적인 '여성 문제'로 치부해선 안 된다. 그것은 이 주제들이 양립성 및 책임지는 사람과 그에 의지하는 사람들 간 관계의 보편적 문제를 나타내기 때문이다. 그렇다고 이것을 오직 보편적 문제로만 기술하는 것은 '젠더 블라인드genderblind* 관점이라 볼 수 있다. 더 나아가 우리는 성과 관련한 문제들이 다양한 맥락에서 상이하게 나타나는 것을 의식하지 않으면 안 된다. 대기업 경영자의 양립성 문제는 이주민 청소 노동자의 그것과 다르다.

성 주류화는 긍정적 역량 강화의 수단으로 활동하기 위한 전략이다. 성 정의를 인식하는 정치의 전환은 입안의 기회로 홍보되고 있다. 성 평등 노력은 정당할 뿐만 아니라, 특히 현대경제의 논리와 조화 측면에서도 유용하고, 효율적이며 완벽하다. 반면에 차별을 행하고 성 차원을 고려하지 않는 것은 비효율적이다. 여기서 우리는 도구적 이성의 책략이 얼마나 더 많은 정의로 이끌 수 있을지를 보여주는 사례와 관련지을 수 있다.

그 구체적 논리는 1960년대 이후 미국에서 널리 퍼졌으며 점차 유럽에서도 일반화된 *다양성 관리Diversity Management*에 근간을 두고 있다. 남녀 집단 내부의 다양한 차이를 인식하는 성 주류화부터 다양성 관리에 이르기까지는 그저 약간의 진전만 있었을 뿐이다. 이미 기업 부문에서는 그 상황이 마땅히 개선되어야 하는, 구조적으로 다양하게 불이익을 당하는 집단들이 있기 때문에 다양성 관리가 널리 확산되고 있다. 전반적으로 효과적인 평등정책을 추진하기 위해서는 법적 조치만으로는 충분하지 않다는 인식을 근간으로 다양성 관리에서는 여러 단초들이 제시된다. 부당한 대우를 받는 집단 구성원을 오히려 고위직 대표자 자리에 오르게 하고, 다

---

* 여성과 남성의 특성을 반영하지 못함으로써 국가 혹은 사회정책 전반에서 성 차별적 효과가 나타날 개연성이 있는 성에 대한 이해나 인식이 부족함을 의미한다.

른 한편으로 편견을 없애며 작업환경을 개선하는 형태로 기업 풍
토를 바꾸려는 태도 변화가—그리고 이를 통한 행동 변화가—요
구된다. 그러한 행동 변화의 기본전제로서 다양성은 결코 짐이 아
니라 오히려 기업과 기업의 목표에 유용하다는 인식을 갖는 것이
중요하다.

성 주류화나 다양성 관리, 모두 공리주의의 핵심 문제와 부딪힌
다. 이 단초들이 유용하지 않다는 주장이 증명되거나, 그 주장이
큰 목소리를 내고 성공적으로 관철된다면, 평등으로 이끌어야 할
모든 정책들은 추진될 수 없다. 그러나 어떤 경우에든 정당한 목표
를 달성하기 위한 다양한 전략이 필요한 것만은 분명하다.

제5장
법과 정의

정의는 법을 형성하는 척도이다. 그러나 정의는 법과 국가 자체를 정당화하는 원칙에 봉사하는 옛 기능을 여전히 갖고 있다. 여기서는 일차적으로 이 주제를 다루는 역사적 이론들을 개관하고자 한다. 이에 대해 주목하면 시대가 변함에 따라 특정한 상수가 있음을 알 수 있는데, 국가의 지배관계의 정당성을 위해서는 인권, 민주주의, 법치국가 같은 원칙들이 필수적이라는 사실이 그것이다. 이 원칙들은 법질서와 개별 규범들을 정당하다고 인정할 수 있을지의 기준으로 사용된다. 물론 이것이 어떤 기능을 하느냐 하는 점에 대해서는 논란이 많다. 예컨대 법실증주의는 법과 정의의 엄격한 분리를 강조한다. 법 규범이 중대한 부당 행위를 명령할 경우 이 문제는 큰 폭발력을 갖는다. 마지막으로 법을 적용함에 있어서 정의가 어떤 기능을 행사하며, 형벌의 정의가 어떤 의미를 갖는지 살펴보고자 한다.

역사적 관점

법에서 정의가 차지하는 가치의 문제는 법 자체만큼이나 오래되었다. 정의는 법질서Rechtsordnung가 난폭한 권력행사의 도구로 전락하는 것을 막는 것이다. 이 생각은 "부자들에게 정의가 없다면, 이들이 단순한 강도떼가 아니고 무엇이란 말인가?"(아우구스티누스, 『신국론』,

173)라는 아우구스티누스(354~430)의 유명한 표현 속에 스며 있다. 그리스도교 자연법 전통에서 법질서를 하느님의 계명 그리고 그 계명과 관련한 정당한 질서의 섭리와 결합시킨 것은 당연하다. 중세 시대 토마스 아퀴나스는 영원한 신의 법lex aeterna을 준수하라는 의무를 인간의 법lex humana에 부여했다. 인간은 자연법lex naturalis을 통해 스스로의 이성의 힘으로 신의 법에 관여(혹은 동참)하라는 것이다. 자연법은 "단지 보편적 지식의 가장 일반적 '원칙들'"(마이어 2002, 294)에 불과하며, 이 원칙들은 인간적인 목적에 부합하도록 섭리되어 있다. 실증법이 이 섭리에 부응하지 않고 선함의 의무를 받아들이지 않을 때에는 법으로 간주해선 안 된다는 주장이다.

유럽의 법사상에서 의미 있는 단절의 시대는 근대 초기였다. 이 시기에는 종교전쟁의 여파로 그리스도교의 표면적 단일성이 와해되었으며, 신의 진리에 기초를 둔 것이 아닌 새로운 평화를 찾아야 했다. 이 "정치적 평화"(뵈켄푀르데 1976, 51)의 근거는 무제한적 권력의 힘으로 통치자가 대중으로 하여금 자신의 명령을 법으로 생각하게 하고 복종하게 만드는 것이었다. 이와 함께 정치 형태의 단일성을 위해, 일부 대중이 다른 종교나 신앙을 통치자로서 추종하는 것도 감수할 용의가 있었다. 즉 통치자 자신은 관용을 베풀고 다른 신앙을 가진 사람에게도 평화로운 공간을 개방하는 존재임을 과시하기 위함이었다. 물론 이 관용적 입장은 언제나 철회될 수 있었다. 종교적 관용은 종교의 자유와 양심의 자유라는 핵심적 기본법의 본질을 보여주듯이, 세속화 그리고 종교와 정치의 분리를 보여주는 확실한 표현이다.

유혈 내전의 힘겨운 상황 속에서 흔들리는 평화 보장의 시대에 정의의 문제는 뒤로 밀려났다. "내전은 사람들로 하여금 정치적 기본제도가 어째서 필요한지 절실하게 느끼게 해주었다."(회페 2002, 23) 평화가 없는 절망적 상황 속에서 사람들은 사회질서를 다시 확립해야 했고 적어도 감내할 수 있을 정도의 공존을 위한 타협안 Modus Vivendi을 마련해야 했다. 이 시대의 정치철학은 이러한 다급한 상황을 반영하고 있으며, 법과 국가의 기초를 다지기 위한 새로운 방법을 모색했다. 장 보댕(1529~1596)은 국가의 통치권은 나눌 수 없음을 전제로,(보댕 1576) 현대적 국가관의 기본 개념을 정립했다. 그의 국가관은 지금까지 인상적인 영향력을 갖고 있지만 그 정치체제는 글로벌 시대에 점점 흔들리고 있다.(루츠 바흐만 1999)

법과 국가의 근거를 위한 획기적 방법을 제시한 인물은 토마스 홉스이다. 유명한 저작 『리바이어던』(1651)에서 홉스는 *자연상태* 개념으로, 법과 국가가 존재하지 않고 인간의 행동이 아무런 제약을 받지 않을 경우에 일어날 일들을 보여주기 위한 사유의 실험을 전개했다. 홉스는 인간을 자기보존을 위한 열망과 행복에의 욕망 등, 두 가지 충동을 가진 존재로 규정했다. 자연상태에서 인간은 이 두 충동을 충족시키려고 발버둥치지만 이 충동을 절대 억제하지 않는다. 사람들은 "모든 것에 대한 권리"를 갖고 있지만 자신의 자유는 무제한적이라고 생각한다. 그러나 그것은 단순히 자의恣意에 불과하다. 이와 함께 욕구 충족을 위해 필요한 부족한 재화를 움켜쥐려는 모든 사람의 발버둥 역시 억제할 수 없다. 누구도 이 때문에 발생하는 전쟁상태 즉, "만인에 대한 만인의 투쟁"에서 벗어날 수 없다. 결국 모든 것에 대한 권리는 "아무 것도 아닌 것에 대한 권리"가 되고 만다. 그러면 우리는 이러한 극적인 상황에서 어떻게 벗어날 수 있을까? 홉스는 사람들이 한 마음으로, 즉 공동의 의지행위인 *사회계약Gesellschaftsvertrag*을 통해 국가가 통치권을 넘겨받도록 위임한 주권에 복종하는 것만이 유일한 해결책이라고 생각했다. 각자 자연적 자유는 포기해야 하며, 이 주권에 반대할 권리는 갖지 않는다. 자연상태의 끔찍함을 고려하면 어느 정도 자기이익이 내재해 있지만, 그것은 오로지 국가의 정당성을 위한 토대일 뿐이다.(케어스팅 1996)

그 외의 이성법 선구자, 즉 존 로크(1632~1704)에게 자연상태와 사회계약의 구조적 개념은 전혀 다르게 나타난다. 로크는 이미 자연상태에서 사람들이 서로 존중해야 하는 인간의 기본적 권리를 인정한다. 그것은 다름 아닌 생명과 자유, 재산에 대한 권리이다.(로크 1690) 문제는 사람들이 이 권리를 잘 알고 있지만 그것과 조화를 이루며 살지 못한다는 점이다. 불공평과 정욕이 자연의 법이 적절하게 적용되는 것을 방해한다. 로크도 그로 인해 발생하는 갈등 상황, 특히 화폐의 도입으로 가중된 사회적 불평등 때문에 더욱 심화되는 갈등 상황을 사회계약으로 종결시킬 수 있다고 보았지만, 홉스의 생각과는 달랐다. 왜냐하면 인간은 국가에 대해서도 기본적 권리를 갖고 있기 때문이다. 국가는 법을 제도적으로 구현할 과제를 안고 있다. 국가가 이 과제를 수행하지 않는다면, 대중은 *저항권*을 갖는다. 부당한 통치 문제에 대한 로크의 답변이 바로 이 저항권이다. 이러한 사상과 국가의 개념을 매우 원칙적으로 인간의 기본권의 보호에 이바지하게 함으로써 로크는 정당한 통치의 본질적 구성으로서 *인권*의 중요한 선구자가 되었다.

인권의 철학적 토대라는 맥락에서 임마누엘 칸트의 저작은 특히 중요한 의미를 갖는다. 칸트는 법과 국가의 과제가 인간의 자유 행위를 위한 환경을 만들도록 하는 데 집중했다. 법에 대한 칸트의 정의定義에 따르면, "법이란 자유의 일반법칙에 따라 한 사람의 자의恣意가 다른 사람의 자의와 서로 양립할 수 있는 조건의 총체"이다.(칸트 1785/86, 337) 책임 있는 자기 결정이라는 의미에서 모든 사람에게는 자유의 권리가 주어진다. 이 권리는 "법이 파악할 수 있는 '외적인' 자유 행위의 영역에서도 모든 사람을 책임 있는 자유의 주체로 인정하고, 그러한 방식으로 개인으로서 그의 가치를 존중하라"고 요구한다.(루프 2008, 284)

칸트 자신은 자유에 대한 이 권리를 개별 인권이나 기본자유로 구별하지 않았다. 그러나 이 권리의 실현은 당연히 필요하며, 칸트는 이를 체계적으로 정립해놓았다. 칸트는 "단순히 이성의 이상"이지만 "의심의 여지 없는 실천적 현실"에 가까운 조정의 기능을 가진 이상을 입법과 접목시키면서, 자유의 이상에 중재적 의무를 요구했다. "요컨대 모든 입법자에게는 자신의 법을 그것이 전체 민중의 일치된 의지에서 생겨난 것과 같이 제정하게 하고, 그의 신민에게는 시민일 경우 그 의지와 일치하는 것처럼 여기게 해야 한다. 그것이야말로 모든 공적인 법의 정당성을 가늠하는 시금석이기 때문이다."(칸트 1793, 153) 그러나 로크와 달리 칸트는 입법자가 이를 지키지 않을 경우의 저항권을 염두에 두지 않았다. 프랑스 혁명이 '테러'로

변질되는 것을 목도한 칸트에게는 포악무도한 무법상황에 대한 두려움이 깊이 각인되어 있었다. 민중에게는 "민권民權의 유일한 팔라디움Palladium"(칸트 1793, 161)인 펜의 자유가 주어졌기 때문이다.

여기서 말하는 언론의 자유 속에서 현대적 의미의 인권의 핵심구성에 속하는 기본자유들을 칸트에게서도 찾을 수 있다. 미국과 프랑스의 혁명이 혁명의 과정에서 획기적 권리선언을 했음은 잘 알려져 있다. '버지니아 권리장전'(1776)과 '인간과 시민의 권리선언'(1789)이 그것이다. 이 두 권리선언은 로크와 루소의 이론은 물론 이성법적 토대에 근거하고 있다. 내용을 보면, 이미 최초의 인간의 권리선언에서 자유주의적 기본권만이 아니라 생명, 자유, 재산, 안전에 관한 고전적 권리를 요구하고 있음이 눈길을 끈다. 오히려 처음부터 주권재민主權在民의 원칙을 담은 정치적 권리를 선언하고 있다. 보편적 의지의 표현이어야 하며, 모든 시민은 개인적으로나 대표자를 통해 그 의지 형성에 참여할 수 있어야 한다는 것이다.

물론 자유와 평등을 힘차게 노래한 이성법과 인간의 권리선언은 그 요구사항들을 완벽하게 실천에 옮기지는 못했다. 이성법과 인간의 권리선언은 성, 피부색, 사회경제적 상황의 관점에서 여러 편견에 사로잡혔으며, 오로지 일정 수준의 재산을 소유한 백인 남성에게만 정치적 권리를 갖는 시민의 지위를 부여했다. 이 때문에 절반의 정의만 달성되었을 뿐이다. 이미 당대에도 이에 대한 비판이 제기된 바 있다. 프랑스의 여성혁명가 올랭프 드 구즈(1748~1793)는 이 권리선언과 대립되는 선언문, '여성과 여성시민의 권리선언'(1791)을 작성했다. 그러나 그녀는 결국 단두대에서 처형당하면서 이 '오만을 참회해야 했다.(부어마이스터 1999, 8) 1793년의 프랑스 헌법은 여성과 검은 피부색 남성을 결핍된 존재로 규정하고 정치적 유권자 집단에서 제외시켰다. 미국에서도 노예제는 광범위하게 시행되고 있었다. 이 상황에 변화의 바람이 분 것은 19세기 후반과 20세기 초에 이르러서였다.

사람들은 이제 권리선언에 내포된 인간과 시민의 권리가 즉각 실현되리라고는 생각하지 않는다. 오히려 이 선언은 무엇보다 법률 형태를 이끌어내고 국가와 법의 정당성을 보장하는 이성적 국가 형태의 원칙, 실천적 이성 이념으로 간주되고 있다. 기본권 선언은 유럽과 미국의 헌법제정 과정에서 종종 혁명의 흐름과 충돌하면서 완성된 모든 헌법의 핵심 내용이 되었는데, 한편으로는 국가를 구성하고 다른 한편으로는 권리를 보장하기 위한 것이다. 사법심사권을 확립함으로써 이 원칙들에서 개별 시민이 국가에 대해 주장할 수 있는 헌법에 부합한 권리가 보장되었다. 국가의 간섭뿐만 아니라 법 자체도 점차 기본권의 기준에 따라 판단할 수 있게 되었다.(스투르즈 1989, 165) 이로써 지금까지 유효한 기준이 확립된 것이다.

법실증주의: 법과 정의의 분리

19세기 말 자연법사상은 점차 빛을 잃었으며, 기술 시대에 이르러 이제 더 이상 법을 정의의 원칙에 따라 판단하려 하지 않는 법 이론이 등장했는데 그것이 법실증주의Rechtspositivismus이다.(켈젠 1934, 31) 법

실증주의에서 주장하는 법과 정의의 분리 테제의 토대는 정의의 사
유가 과연 무엇을 성취할 수 있을까에 대한 물음에 비추어 갖게
된 확연한 의구심이었다. "무엇이 정당한지 규명할 수 없다면, 합법
적인 것이 무엇인지 규명할 수밖에 없다. 불가능한 진리의 행위 대
신 권위의 행위가 필요하다."(라드브루흐 1934, 300) 법은 그저 특정한 방
법으로 인간을 위해, 인간에 의해 공포된 행동 조절을 위한 규범의
총계이다.

　물론 법실증주의 대변자들은 순전히 권력에만 초점을 맞추는
데 만족하려 하지 않았다. 통치자는 민중을 복종시키고 위협을 통
해 법의 명령에 길들여지기를 원하기 때문에, 법은 그리 단순하게
적용될 수 없다.(오스틴 1832) 법실증주의 이론은 오히려 법 효력의 근거
를 규범적으로 정초하고자 했다. 한스 켈젠(1881~1973)과 H. L. A.
하트(1907~1992)는 다양한 방식으로 이러한 노력을 기울였다. 켈젠
(1934, 76)이 법의 효력을 "기본규범"에 의지하려 한 반면, 하트(1961)는
"승인의 규칙"을 요구했다. 그 내용은 오직 "역사적으로 최초로 헌
법을 기초한 기관이 자신의 의지를 표현한 것을 규범으로 인정한
다"는 데 있다. 기본규범은 오로지 "지고의 실증법적 규범을 실증
법적 방식으로는 더 이상 매개할 수 없는 효력을 판별하도록 '증명'
하는" 기능일 뿐이다.(예슈테트 2008, XLⅢ)

　이 같은 일은 법과 정의의 완전한 분리에 따라 이루어질 수 있
다. 이것이 바로 실증법의 효력을 "절대적" 정의의 가치와 일치시켜
그에 종속시키고자 한 자연법의 월권을 막으려 했던 켈젠(1960, 313)이
밝힌 의도이다. 켈젠에 따르면 정의 규범은 법 형성의 과정을 도출

하는 제한된 과제만을 갖는다. 따라서 켈젠(1960, 314)은 법은 정당해야 한다는 법 정책의 요청을 거부하지는 않지만, 정의론적 판단은 법 규범 자체가 아니라 오로지 규범의 확립 행위와 관계된다. 임의적인 증명을 통해 그 효력이 부당하다고 판단할 수 없다.

요약하면, 법실증주의는 모든 인간의 행동이 법 규정의 대상이 될 수 있다고 본다. 정의는 상대적이며, 절대 가치는 판별할 수 없다. 그렇기 때문에 법 규정에 정의를 적용하는 것은 이데올로기적 월권이다. 하지만 이러한 급진적인 가치상대적 입장은 적어도 몰역사적인 듯 보인다. 법은 공허한 영역에 존재하는 것이 아니다. 여기서 다시 롤스(1971)의 말을 빌리면, 오히려 고통스런 경험을 통해 우리의 판단 속에 "기준점"을 확정한다. 고문과 잔혹한 행위와 마찬가지로 농노제와 노예제, 종교적 박해와 인종주의, 계급과 성에 따른 억압은 모두 잘못이라는 인식이 이 가운데 포함된다. 이 밖에도 현재 대부분의 국가에서 인정받고 있으며 적어도 그 핵심에서는 무시할 수 없는 기준을 만든 여러 인권선언도 참조할 수 있을 것이다. 다음에서는 이로부터 법의 정당성을 위한 어떤 요구가 생겨났는지 살펴보도록 하겠다.

자유민주주의 법치국가의 규범적 토대

법철학적 논의의 영역에서는 법의 통치를 정당화하는 다양한 기준들이 거론되고 있다. 근본적으로는 아래 요인들의 상호작용으로 간주된다. 평화상태를 조성하고 보존하려는 법의 과제가 바로 그 것이다. 한편으로는 법에 대한 의무를 통해, 다른 한편으로 다양한 권한으로 권력을 분할함으로써, 합법적으로 권력을 제어하는 형태의 권력분립과 법치국가 체제를 확립하는 것이다. 마지막으로 법의 민주적 실현과 인권에 대한 의무이다. 그러나 부정적으로 표현하면, 이 체계가 기본권과 자유권 보장을 위한 노력이나 민주적 참여의 실현, 법치국가 체제와 권력분립을 통한 권력 억제를 위한 노력을 기울이지 않는다면, 그 정당성은 대단히 의심스러울 것이며, 실제로 정당한 질서라기보다는 강도떼와 다를 바 없다는 주장이 제기될 가능성이 있다.

이제 개별적 요인들을 구체적으로 살펴보도록 하자. 인권은 긍정적인 실증적 법 규정으로서 정당하면서도 그 내용은 제한적인 것으로 여겨진다. 인권은 국제법적으로나 국내적으로 실증적으로 명시되어 있다. 그 효력의 근거가 되는 철학이론의 관점에서 보면, 인권은 실증적 단계를 넘어서 그 법적 위상이 축소될 수 없다. 인권의 모든 토대는 법적으로 실증된 것을 초월한다. 칸트 철학의 의미로 표현하면 인권 속에는 인간을 책임 있는 자유의 주체로서 인정한다는 내용이 포함되어 있다.

인권에는 이러한 근본적 승인이 명시되어 있고 다양하게 분류되어 있으며, 구체적 상황에 적용되고 있다. 아울러 인간 존엄성에 대한 중대한 훼손에 대한 응답을 기술한 데에서 중요한 의미를 갖는다. 따라서 우리는 "사례가 될 수 있는 불법의 경험"(브루거 1992)을 포착하고 향후 그에 대처하는, 인권이 갖는 "응답의 특성"에 대해 언급하곤 한다. 그러므로 인간의 능력과 역량이 발달함에 따라 또다시 새로운 위협의 시나리오가 생기기 때문에, 완전한 인권 목록은 불가능하다. 이것은 현대적 정보와 감시 수집방법이나 현대의학과 생물학의 진보를 통해서도 나타난다. 여기서 수집 가능한 지식과 그와 관련된 간섭의 가능성과 함께 정보 자주결정권*이나 환자의 자율성과 같은 현대적 기본권을 유념하여 가능한 조심스럽게 다루고 있다. 그에 맞는 규정들은 민주적인 의지 형성의 범위 내에서 확정된다.

오늘날 자유민주주의 법치국가의 이념은 다원적이며 광범위한 시장경제 사회와 사회적 안전망이 완충 역할을 하는 테크놀로지 사회 속에서 공동생활의 도전을 위한 적절한 규정을 찾는 데 있다. 입법자는 보편적으로 동의를 이끌어낼 해결책을 찾기 위한 노력을 기울여야 한다. 법 담론 이론은 "규정은 합리적인 담론의 참여자로서 모든 당사자들이 동의할 수 있는 정당성을 필요로 한다"(하버마스 1996, 299 이하)는 까다로운 기준을 명시한다. 이것이야말로 입법자가 지향해야 할 바람직한 이상이다. 하지만 민주주의의 현실은 오히려 여러 정파가 함께 공존할 수 있는 타협의 영역과 패배한 정파들도 인정하는 표결의 결과를 통해 존재한다.

어떤 법질서도 그 질서가 지향하는 요구를 무제한으로 충족시킬 수 없다. 앞서 언급한 정당성의 기준들, 즉 평화 보장, 법치국가 체제, 권력분립, 인권, 민주주의는 법질서에 대한 요구로 간주한다. 이

---

* 자신의 프라이버시가 어느 정도까지 공개될 수 있을지 스스로 결정하는 권리를 말한다.

기준들은 합법적이어야 하며, 법 제도는 이 요구들을 이행하려는 노력을 기울여야 한다. 그래야만 법 제도에 대한 신뢰가 생길 수 있으며 그 신뢰는 당연한 것이 아니라 소중한 자산이다. 신뢰를 얻는 것, 그것이야말로 법과 법 제도의 항구적인 과제이다.

심각하게 부당한 법에 대한 대응

정의론에 입각한 법에 대한 판단에서 적용 가능한 기준이 있음을 전제로 한다면, 개별 법 규범이나 전체 법질서가 매우 부당하다고 인식될 때, 어떤 결론을 이와 접목할 수 있을까? 로크의 이성법은 이 경우에 저항권을 상정하고 있다. 하지만 그것이 궁극적 지혜인가? 잔악무도한 나치 범죄에서 이에 대한 가장 극단적 사례를 경험한 바 있다. '뉘른베르크 인종법'과 같은 불법적 규범들이 법률 형식으로 비준된 사례에 비추어 구스타프 라드브루흐는 그것을 법과 연관시켜 생각해야 하는가 아니면 부정해야 하는가라는 물음을 제기하였다. 라드브루흐는 유명한 글에서 이렇게 밝혔다. "법이 정의의 의지를 의도적으로 부정한다면, 예컨대 사람의 인권을 자의적으로 승인하거나 거절한다면, 그 법은 효력이 없고, 민중도 복종할 의무가 없으며, 법률가들은 그 법의 법적 성격을 박탈하려는 용기를 가져야 한다."(라드브루흐 1945, 209)

이 표현은 모든 것을 무너뜨린 불의한 정권이 자행한 끔찍한 참극을 직시하고 언급한 듯 보인다. 물론 라드브루흐의 표현은 뜻밖에도 1990년대 구 동독 국경수비대에 대한 재판에서 다시 소생하였다. 구 동독 당국은 국경수호법에 따라 국경 초소병을 배치, 서독으로 넘어가는 '공화국 탈주'를 불가피한 경우 무력을 동원하여 저지하라는 임무를 하달했다. 그러자 총기 사용이 여러 차례 되풀이되었으며, 동독을 떠나려는 사람 가운데 목숨을 잃는 사건이 발생하였다. 동독 정권 내부에서는 이 인명살생 조치를 정당한 것으로 간주하였다. 독일이 통일된 후 국경수비대는 이 사건에 대해 완전히 상반된 법적인 관점에 봉착했다. 국경수비대원들이 살인죄로 재판을 받게 된 것이다. 병사들은 그저 명령을 수행했을 뿐이라고 변명했다. 그러나 독일연방헌법재판소BVerfG(1996)는 이 주장을 인정하지 않았다. 비록 국경수호법으로 감춰져 있을지라도, 병사들은 "아주 중대한 불법적 범죄" 행위를 자행했다고 판시했다. 이들도 그것을 인지하고 있었을 것이며, 그렇기 때문에 그 행위에 대한 책임을 물어야 한다는 것이었다. 발포를 정당화한 구 동독의 국경수호법은 이 논거를 근거로 소급 적용되어 효력을 상실했다. 이 판결에서 독일연방헌법재판소는 라드브루흐의 주장을 명확하게 인용하였다.

독일연방헌법재판소의 이 판결은 격렬한 논쟁을 불러왔다. 특히 독일연방헌법재판소가 형법상 소급적용금지의 절대적 효력을 충분히 지키지 않았다는 비난을 받았다. 더욱이 독일연방헌법재판소에 대해 '승자의 법'이라는 비난과 라드브루흐의 견해는 모든 것을 무너뜨린 범죄를 자행한 정권이 저지른 끔찍한 비극에만 적용될 수 있다는 반론이 제기되었다. 반면 독일연방헌법재판소는 구 동독 역시 인권협약에 서명했다는 사실을 논거로 들었다. 명백하게 중차대한 불법이 있었는지는 높은 기준에 따라 판단해야 한다는 것이다.

심각한 불법이라고 판단되는 규범이나 정치적 정책과 부딪혔을 때 시민사회는 어떤 선택을 할 것인가? 법치국가적 민주주의 체제에서는 예를 들면 항의 표명, 여론자유의 표현, 조합 구성 및 결사 자유의 권리를 통한 시위 등 폭넓은 표현 가능성이 있다. 그러나 지금까지의 사례를 보면 특히 고도의 부당한 간섭을 획책한 정치적 정책들이 계획적으로 추진된 경우 이 행동들만으로 충분하지 않은 듯 보인다. 특히 환경을 훼손하고, 국경과 세대를 넘어서 돌이킬 수 없는 결과를 초래할 두려움을 안겨주는 무력적대 행위와 같은 프로젝트가 이에 속한다. 미국에서는 1960년대 후반 이러한 사태가 발생할 상황을 상정하여 법치국가에서의 *시민 불복종* 이론이 생겨났다.(롤스 1971) 시민 불복종의 핵심은 합법적 범위 내에서 행동할 여지가 (더 이상) 없고, 그 노력이 성취될 가능성이 전혀 엿보이지 않을 때, 법과 국가정책의 변화를 이끌어내려는 목적으로 개별적 혹은 여러 법 규범을 당당하게 위반하는 것이다.

여기서 법 규범을 위반한다는 것은 거역한다는 의미와는 다르다. 자연보호구역 내에 계획된 수력발전소나 원자력발전소의 건립에 저항하는 불법시위, 항공기 소음이나 공항 확장에 대한 반대 행동으로 활주로 점거 등이 그 사례일 것이다. 관련 법규에 의하면 당연히 추방될 개인에게 은신처를 제공함으로써 체류권과 난민법을 위반한 경우도 마찬가지이다. 시민 불복종이 기본권 틀 내에서

하는 합법적 저항과 다른 점은 충격적 조치에 맞선 위법違法이라는 점이다. 물론 이러한 법 위반은 원칙적으로 법에 대한 신뢰를 바탕으로 비폭력적으로 전개되어야 한다. 즉 시민 불복종 행동 때문에 보편적 법의 평화Rechtsfriede가 심각한 위협을 받아선 안 된다. 시민 불복종 행동에 동참한 사람은 법 위반의 결과에 대한 책임을 감수할 각오를 가져야 한다. 시민 불복종이 정의로운 상황에 도달하려는 목표를 진지하게 추구할 때, 그 정당성을 인정받을 수 있다.(롤스 1971, 405)

법 적용에서의 정의

불완전한 절차 정의의 경우로서 법 적용 내에서 보편적으로 인정받을 수 있는 판결을 내리려는 노력이야말로 법질서의 정당성에 속한다. 대륙법 법 관념에 의하면 판결은 소송에 직접 참여하는 당사자에게만 적용되지만, 중요한 판결의 근거는 항상 개별 사건의 차원을 넘어 해당 판결의 보편적 적용 가능성에의 요구를 시사하고 있다. 이것은 두 가지 측면을 내포하고 있다. 첫 번째, 소송절차의 정당한 결과를 위해 소송절차의 이행이 최대한 공정해야 한다는 점이다. 여기서 현대 소송절차 규정에서 제도적 장치로 마련된 몇 가지 상수가 전개되는데 사법의 공정성, 법적인 소명의 권리, 소송절차의 공개, 그리고 마지막으로 형법상 무죄 추정과 법률에 근거하지 않고는 처벌하지 않는 원칙 및 소급적용 금지가 그것이다. 판결에 대해 상급법원에 재심을 요청하는, 법치국가에서 보장된 항소 제기의 기회 역시 중요한 의미를 갖는다.

두 번째로는 해당 법률에 대한 올바른 해석에 관한 내용상의 문제가 제기된다. 법률학에서는 문자의 의미대로, 문법적으로, 역사적으로(입법자의 의도에 따라), 목적론적으로(그 목적에 따라), 제도적으로(하나의 규범이 다른 규범의 맥락에서) 어떻게 해석될 수 있을지에 대한 해석 규정을 연구해왔다. 이외에도 알렉시(1995)나 드워킨(1977) 같은 학자들은 특히 하나의 규범에는 너무 광범위한 해석 가능성의 스펙트럼이 있기 때문에 판결을 내리기 어려울 때, 이에 관여할 수 있는 법 원칙의 의미를 강조하였다. 이 경우에 법실증주의는 생각할 수 있는 모든 해석은 법정에서 선택될 수 있다는, 이른바 판결Dezision의 권위에 의지한다. 반면 법 원칙에 초점을 둔 방법은 다양하게 고려될 수 있는 원칙들을 분석하고, 이 고려사항들을 숙고하여 적절한 결정을 내리려 한다.(루프 2008, 117 이하)

원칙에 입각한 해석들에서 지금까지 주역들로 하여금 행동주의의 비판을 받게 한 놀라운 결과들이 도출될 가능성이 있다. 또한 그것은 어째서 법관 법Richterrecht이 여전히 회의적 시선을 받는지에 대한 근거로 여겨지고 있다. 간단한 사례를 들 수 있는데 이것은 여러 법적인 권위의 상호작용을 보여주기도 한다. 1977년 이래 캘리포니아에서는 혼인을 남성과 여성의 합법적 결합으로 명시하고 있다. 그런데 캘리포니아 주 헌법은 성적性的 성향으로 인한 차별금지 원칙을 포함시켰다. 샌프란시스코 시장은 상급법원에 항소하면서 이 원칙을 동성부부의 혼인증명서 발급 근거로 삼았다. 캘리포니아 주지사는 이에 제동을 걸었다. 이 법안을 심의한 캘리포니아 고등법원은 혼인을 이성 간 결혼으로만 국한시킨 것은 부당하다고 재차 판결했다. 하지만 이 판결로 동성애자들에게 열려진 혼인 기회는 2008년 주민투표로 부결되었다. 2009년 중순 현재 이 안건은 다시 법원에 계류 중인 상태이다.

형벌의 정의

원래 형벌은 단순히 불법행위에 대한 보복으로 여겨졌다. 고대 법전인 『우르남무 법전』과 『함무라비 법전』에는 단순한 기준, 즉 "눈에는 눈, 이에는 이"라는 격언으로 침해를 당했을 경우에는 똑같은 위해危害로 보복하라고 밝히고 있다.['탈리오 법칙(보복의 법칙)', 베젤 1997, 74 이하 참조] 아울러 여기서는 지나치게 포괄적인 보복을 요구하는 과도한 복수 사상을 억제시키는 데에도 중점을 두고 있다. 이러한 배경 하에서 거듭 권력의 강화가 이루어졌고 또 이루어지고 있다. 이것은 침해 행위가 또 다른 침해 행위로 이어지고, 유혈보복을 인정하는 법률이 그때까지 동일한 행위에 대해 동일한 행위로 보복하는 차원을 넘어 점점 극심한 제재 행위를 필요로 하는 상황으로 치달았기 때문이다.

오늘날 형벌의 정의 관념은 이러한 복수의 관념과 결별하였다.(람페 1999) 형벌에 관한 오늘날의 정의 관념은 형벌의 필요성과 정당성의 근거를 보편적 예방과 재발 방지, 사회 내 재통합 원칙 등 이와는 다른 원칙에 두고 있다. 또한 형벌은 범죄 행위자나 잠재적 범죄자들을 여타 범죄 행위로부터 격리시키는 목적을 갖고 있다. 공리주의적 관점과 비슷한 이러한 고안에서도 책임 있고 의식이 있는 상태에서 행위가 이루어졌을 경우에만 형벌이 가해질 수 있음을 전제로 한다. 처벌 대상이 되는 행위가 책임질 수 없는 상태에서 저질러진 것이라면 처벌하지 않고, 당사자가 타인에게 해를 끼칠 가능성이 있는 경우에만 '조치 단행'으로 격리하고 있다.

이에 초점을 두면서 형벌의 특별한 의미가 부각되었다. 즉 법은 인간을 책임 있는 자유의 주체로 존중한다는 점을 밝힌 것이다. 형벌에서 법은 개인을 다르게 행동할 수 있으며, 자기 행동에 책임을 질 수 있으리라 기대할 수 있는 사람으로 인정하고 있다. 물론 처벌 대상인 행동에 대한 대응의 폭은 최근 몇 년 동안 현저하게 확대되었다. 사소한 위반에 대해서는 처벌하는 것 이외에 중재 또는 가해자와 피해자 간의 조정이 이루어지고 있다. 그 이면에는 국가가 처벌권을 행사하기 보다는 잘못된 행위를 저지른 사람이 보상하는 것이 당사자에게 더 도움이 되리라는 인식이 자리하고 있다. 이를 통해 정의의 요청도 충족시킬 수 있게 되었다.

제6장

글로벌 정의

이미 이 세계를 둘러보면 엄청난 정치적·사회적·경제적 불평등이 만연해 있음을 보게 된다. 이러한 배경 하에서 어떤 형태의 정의로운 글로벌적 질서가 가능할 수 있을까 하는 물음이 제기된다. 이것은 우선 국제관계의 주역인 국가들 간의 관계와 관련이 있다. 여기서는 세계정치의 이상에 관해 논의하고자 한다. 북반구와 남반구 국가들 간의 크나큰 번영의 격차는 글로벌적 기준에서의 사회정의라는 주제의 배경이다. 아울러 인권 보장의 준수 요구를 수행하며 이주 현안을 공정하게 처리할 기구에 대한 문제도 깔려 있다. 인권의 보편적 적용은 글로벌 정의를 위한 사유의 본질적 척도이지만, 동시에 논란의 여지도 없지 않다. 여기서는 인권이 유럽 중심적이며, 식민화가 휴머니즘의 외피를 입고 나타나고 있다는 비판에 관해서 살펴볼 것이다. 특히 '인도주의적 개입'이라는 형태로 수행되는 데에서 보듯 국제적 차원에서 인권을 대하는 맥락에서 이 문제는 뜨거운 논란의 대상이기도 하다. 그렇기 때문에 과연 어느 정도까지 현대적 유형의 '정의로운 전쟁'이 정당화될 수 있느냐에 대해서도 논의하고자 한다.

국제적 차원에서의 정치적 정의의 측면

우리 인간은 이 세상을 구분한다.(오닐 1997. 515) 이것은 끈끈한 공동의 결속이라는 의미에서가 아니라, 행동하는 인간으로서 우리가 글로별적으로 서로 얽혀 있는 관계로 나타난다. 동시에 우리는 국경에 따라 구분되기도 한다. 외부적으로 외교정책의 자주성의 의미에서 국민국가는 주권을 필요로 하는데, 내부적으로도 그러하다. 따라서 국가가 어떤 질서에 따라 조직되고 어떤 법률을 비준할지의 문제는 오로지 국가의 고유 권한이다. 국제관계의 논리에 따르면 이에 대한 비판은 내정 간섭으로 여겨 받아들이지 않는다. 글로벌 정의에 대한 관점들은 특히 세계 정치질서가 어떤 형태여야 하는가, 현재의 국제질서가 과연 다른 세계기구, 예컨대 '세계국가'를 통해 대체될 수 없는지 그리고 그러한 세계질서는 어떤 모습을 갖출 수 있는지의 문제와 연관되어야 한다.(루츠 바흐만/보먼 2002)

　이미 임마누엘 칸트는 이 문제에 천착한 바 있다. 그는 국가들 간의 상호관계에 대해 이러한 관점으로 보았다. "인간의 본성은 어떤 경우든 전체 민중의 관계에서보다 덜 호의적인 것 같다."(칸트 1793, 171) 국가들 사이에는 자연상태가 지배하고, 국가 상호 간의 관계를 평화 상태로 안정시키는 법질서를 통해 이 자연상태를 대체해야 한다. 칸트 식 패러다임에 의하면, 좁은 의미에서의 국가 간 법질서는 국가의 통치권으로 불가능하다. 따라서 국가의 권한을 초국가 기구에 위임하고 이로써 국가의 통치권을 최소한 부분적으로나마 포기하게 만드는 것이 필요하다. 따라서 칸트는, 항구적인 국가회의를 통해 연결되지만 제도나 '정치 구조'에 따라 결합되지 않는 주권국가 연합을 제시했다.(케어스팅 1997, 27)

　주지하다시피 이러한 관점은 역사적으로 다소 진부하다. 유럽연합EU 같은 초국가적 조직은 회원국에 대해 포괄적 권한을 갖고 있

다. 그렇지만 글로벌 기준에서 보면 칸트의 제안은 지나치게 단순
하며, 전반적으로 정의로운 세계질서의 틀 안에서 세계평화의 확립
및 수호와 같은 시급한 목표를 달성하기에는 적합하지 않은 듯 보
인다. 이 목표가 바로 "전쟁의 재앙으로부터 후세를 보호"하기 위해
제2차 세계대전 이후 설립된 유엔의 핵심적 관심사이다. 이 의지를
천명한 선언문은, "인간의 기본권리, 인간의 존엄과 가치, 남녀 및 각
국의 평등권에 대한 신뢰" 속에 "정의와 조약 및 기타 국제법의 연원
으로부터 발생하는 의무에 대한 존중이 계속 유지될 수 있는 조건
을 확립하며", "더 많은 자유 속에서 사회적 진보와 생활수준의 향
상을 촉진하려는" 관심사를 담고 있다.(유엔 1945, 「유엔 헌장」, 전문前文)

　오트프리트 회페(2008)는 이 사상을 넘어 세계공화국의 "현실적 비
전"을 제시한다. 그는 권력분립과 연방주의의 질서원칙에 입각한
글로벌 소국가 체제의 개요를 완성하였다. 보충성Subsidiarität* 원칙
에 따라 하위기관이 독자적으로 문제를 담당할 수 없는 경우에 한
해 국가가 개입하는 것이다. 회페는 순전히 자유주의적 기본권 보
장의 틀 내에만 국한된 세계시민권 제도를 고안했다. 한편 회페는
글로벌적 분배정의 제도의 조직을 통해 이 구상에 대한 부담을 덜
고자 했다. 유럽연합을 모델로 한 세계국가 제도를 옹호하는 펠릭
스 에카르트(2005)는 여기서 한 걸음 더 나아간다. 물론 그 역시 투
명성을 이유로, 민주적 방식의 통제가 필요하다고 보았으며, 권력
집중을 막기 위해 세계국가에 지나치게 많은 권한이 부여되어선 안

---

*　법 규범의 지원원칙

된다고 여겼다. 오로지 정의를 촉진시킬 수 있는 글로벌 시장의 제
반조건을 확립하고, 환경보호를 더 효과적으로 담보하는 것이 가
장 시급한 과제라는 것이다.

글로벌적 척도 내에서의 사회정의

심각한 사회적·경제적 불평등에 직면하여 글로벌적인 척도에서의
사회정의를 담보하는 시급한 문제는 여전히 해결되지 않고 있다.(폴
레스달/포기 2005; 포기/뮐렌도르프 2008 참조) 세계국가가 사회정의를 위한 노력
을 기울이지 않는다면, 현재의 세계질서(혹은 무질서) 속에서 국가 주
체와 초국적 기업 및 글로벌 비정부기구를 포함한 비국가 주체로
구성된 협의체 내에서 사회정의를 어떻게 구현할 수 있을까? 이것
이 가능하다고 보는 근거는 국가 간 부문이나 각 시민사회 주체
들로 이루어진 국제기구의 틀 안에 존재한다. 이것은 특히 '발전의
권리Recht auf Entwicklung*의 형태로 나타난다.(유엔 1986) 이 권리는 개
인 차원만이 아니라 집단적으로도 적용된다. 특히 북반구 국가들
에 의해 식민통치의 억압을 겪은 남반구 국가들에게 적용될 수 있
으며, 이로써 집단적 정의의 표현을 의미하는 것일 수 있다. 여기서
'발전'이라는 개념은 이미 다양한 해석의 여지를 갖는데, 사회적·경
제적 측면뿐만 아니라 기술적·문화적·정치적 측면을 포괄한다.

---

* 경제적 측면 이외에 정치·사회·문화적 측면을 포함한 인간 인격의 성장을 목적으로 국제사회
  속에서 새롭게 제기된 개인적·집단적 인권 개념이다.

비록 그 신자유주의 기조 때문에 논란이 있긴 하지만 세계은행 같은 기구들은 중요한 역할을 안고 있다. 이 기구의 임무는 경제위기 상황에 처한 국가들을 지원하고, 글로벌적 빈곤을 막기 위한 보편적 정책을 추진하는 것이다. 하지만 이 목표는 일차적으로 시장친화적인 조건에 맞추기 위해 신용평가의 위임에 따라 이행되고 있다. 이 목표와 결부된 국내 개혁조치 의무들은 사회복지 예산을 큰 폭으로 축소시켜, 해당 국가 내 빈곤층의 상황을 열악하게 만듦으로써 여러 부작용을 낳았다. 재정을 글로벌적 사회정의의 정책에 투입하게 하는 일반적 조치로서 현재 국제 외환거래세(토빈세) 도입에 관한 논의가 이루어지고 있다.

2009년 발생한 세계 경제위기 당시 재차 극명하게 드러난 바와 같이, 초국가적 기업들이 이윤을 사유화하고 손실은 사회에 떠넘기려 한 경향에 비추어 볼 때, 이러한 창조성에 의문이 제기되고 있다. 이것은 일반적으로 '선별정책', 즉 해당 국가에서 낮은 기준에 근거하여 가능한 한 가장 저렴한 비용이 드는 생산품만을 선택하는 경향과 일치한다. 그러나 그 결과, 생활수준이 높은 국가에서 사회적 수준은 향상되었지만 일자리는 사라지고 말았다. 이로써 노동자보호 부문에서 그동안 쌓아놓은 성과, 즉 사회협약에 의해 만들어진 일자리들이 글로벌 네트워크로 인해 사라지는 불행한 상황에 직면하게 되었다. 따라서 초국가적 기업에 대해서는 최저임금 및 최저 근로조건에 관한 규정을 통해 근로대중에 대한 심각한 착취를 방지하고, 지극히 보편적인 노동과 복지의 글로벌적 정당한 분배를 실행하기 위해 국제적으로 통일된 기준이 필요하다.

이주와 사회정의

복지, 자유, 안정 그리고 발전 가능성 측면에서 글로벌적 흐름을 보면, 박해를 피한 도피이건 더 나은 삶을 찾기 위한 노력이든 수많은 사람들이 자기 고국을 떠나 유럽이나 미국으로 이주하려는 것은 놀랄 만한 일이 아니다. 그것은 고국을 등질 수 있는 정치적 자유의 한 측면이며, 우리가 앞서 다문화주의에 관한 논의에서 배운 출구의 권리에 속한다. 물론 문제는 있다. 즉 사람들이 가고 싶고 필요로 하는 곳이 이들을 받아들이는 곳이냐 하는 점이다. 국제적 이주 질서는 개별 국가들이 어떤 사람을 얼마 동안 체류하도록 허락할지 결정하게 한다는 데 있다. 이주를 원하는 사람이 대단히 많은 상황에서 많은 국가는 이민 규정을 점차 엄격하게 적용하고 있는 추세이다. 그러나 엄격한 이주 규범이 대체 정당화될 수 있을까? 이미 한 나라 안에 살고 있는 사람들과 그것으로 가려는 사람들 간의 이해를 어떻게 조율할 수 있을까? 이론적 근거에 따르면 이 문제에 대한 판단은 다양하게 나타난다.

평등 및 자유주의 이론에서는 이에 대한 논증의 책무를 체류 및 이주의 자유의 제한을 옹호하는 사람들의 몫으로 돌린다. 사람들은 어떤 우연성에 의해서도 차별 받아선 안 된다. 어떤 사람이 특정 지역에서 태어난 것은 누구의 탓도 아니다. 그러한 인식의 관점에서 보면 외국인 법을 근거로 이주를 봉쇄하는 것은, "혈통이나 출생지에 의한 국적취득 규정 때문에 흡사 신분적·유전적 특성을 인정하는" 특권을 고착화하며 심각한 경제적 불평등을 외면하는 것을 의미한다.(소멕 1998, 411) 평등 및 자유주의 이론은 이러한 유형의 특권 철폐를 적극 옹호하고 있다.

반면 공동체주의 이론은 국가공동체의 자기 결정권을 우위에 둔다. 공동체 구성원의 규정에 관한 정의定義는 오로지 공동체에 있을 뿐이다. 이 원칙은 곤궁한 상태에 처해 고국에서 도피하는 사람에게 도움을 베풀라는 도덕적 법칙을 통해 보완된다. 평등 및 자유주의 이론이 이민법 자체에 근본적 문제를 제기하는 반면, 공동체주의 방법으로 실질적으로 도움이 필요한 사람들에게 (제한적인) 망명권의 근거를 마련했다. 물론 이에 대한 억제책을 마련해놓았는데, 그렇게 하지 않으면 자유주의적 기본자유와 사회적 안정 시스템이 위협 받을 수 있기 때문이다. 마지막으로 민주주의적 국가를 통해 예측 불가능한 이 세상에서 사회정의를 실현하기 위한 조직 형태를 구성하는 것이다.(소멕 1998, 414) 물론 과도한 부담을 떠안음으로써 이것이 불가능해져선 안 된다. 국내 정의를 희생시키면서 글로벌 정의가 달성되어선 안 되며, 국내 정의 역시 특정한 글로벌적 기준에 미달되어서도 안 된다. 이를 위해 특히 인권에 대한 논의가 필요하다.

인권: 유럽 중심적인 문화제국주의인가?

인권의 보편적 적용은 당연하게 여겨지고 있으며, 다양하고 포괄적 인권협약을 통해 전 세계적으로 점차 인정받고 있다. 하지만 동시에 이에 대한 비판의 목소리도 커지고 있다. 즉 유럽 중심적 개념의 인권만을 강조함으로써, 이 세계 여러 국가들 내의 다양한 문화적·종교적 제반 조건들을 고려하지 않는다는 비판이 그것이다. 그 이유는 인권 개념의 이면에는 고유한 서구적 인간상人間像이 내재해 있다고 보기 때문이다. 그렇기 때문에 인권의 보편적 적용은 "서구적 특징을 가진 세계질서"(빌레펠트 1997, 256)의 글로벌적 적용을 강요하는 결과를 초래한다는 것이다. 현실적 형태 속에서 인권은 공동체와의 결속이나 그로 인해 발생하는 책임의식은 전혀 헤아리지 않고, 개별적인 개인의 자기중심적 자아실현 이념과 불가분의 관계를 맺고 있다고 본다.

이것은 인간 생활의 사회적 특성과 조화의 필요성을 강조하는 이슬람, 아시아 또는 아프리카 문화의 인간상과는 대조적이다. 이들 문화의 관점에서는 개인의 권리보다는 공동체에 대한 의무가 더 중요시된다.(에이크 1987, 5) 특히 종교적 관점에서 보면 인권의 세속적 특성은 문제가 많은 것으로 여겨진다. 이에 따라 1990년 카이로에서 가결된 이슬람 인권선언에서는 남녀 간의 불평등한 역할 분담을 명시(6항)하는 등,(빌레펠트 1997, 262 참조) 생명과 신체를 침해당하지 않을 권리에서 이슬람 율법 샤리아Sharia에 맞게 유보조항(2항)을 포함시켰다. 이슬람과 인권의 관계에 관한 진보적 해석을 통해 그 규정을 타파하려는 노력도 있지만, 아직까지는 소수의 노력에 그치고 있으며 영향력도 미미한 상태이다.

인권의 보편성을 지지하는 사람들에게 가해진 비판은 이들이 문화적·종교적 특성에 대해 둔감하며, 지극히 의도적으로 새로운 외피 속에 식민화 정책을 추진하고 있다는 것이다. "1798년 이집트에 발을 들여놓은 이래, 주지하다시피 제국주의적 유럽의 문명 선교단체들은 인권에 대한 장광설을 퍼뜨리는 데 기여했다."(빌레펠트 1997, 256) 이제는 확실히 인권 담론이 함축하는 기본원칙에 대해 자기비판적인 물음을 던지는 것이 중요해졌다. 주목할 점은, 위르겐 하버마스 (2003, 220)가 언급한 것처럼, 이 논쟁에서 "정부 대표자의 전략적 표현이 야권 및 독자적 지식인들의 기여와 부분적으로 연결되고 부분적으로 중첩"된다는 점이다. 얼굴 두꺼운 권력자들이 인권 훼손에 대한 비판에 변명하기 급급하다면 신식민주의에 대한 비판은 이들에게 적합하다.

이러한 배경 하에서 기억해야 할 사실은 인권이 사변적 산물이 아니라는 점이다. 역사의 교훈을 통해 여러 형태의 포악한 국가권력을 억누르기 위해 인권이 필요하다는 사실이 증명되었다. 가장 최근인 제2차 세계대전 이후 인권은 나치독일이 말살정책을 통해 자행한 문명 파괴의 대응 역할을 감당했다. 국가가 문화적·종교적 가치의 불가침성과 보호를 표방하고 특별한 민족적 순수성을 보존하려 한다면, 인권은 국가가 획책하는 일체의 배척행위에 대한 필연적 교정책을 의미한다. 그 정치적 배경이 문화적·정치적·종교적 이단자에 대한 위협으로 이어졌음을 역사는 수차례 증명하고 있다. 그 반면에 기본적으로 인권지향적인 법제화만이 정치에 도움을 준다. 고문으로부터의 자유를 포함하여 생명과 신체를 침해당하지 않을 권리나 독립적 법원에서 법적 절차를 누릴 권리 등, 이 모든 기본적 인권이 이러한 도전에 대한 응답을 의미한다.

글로벌적 인권 구현

인권의 보편적 적용에 관한 문제는 그것을 실천하는 가능성의 문제와 결부되어 있다. 국제적 척도에서 인권의 실천이 실패로 귀결되는 경우가 많은데, 이것은 개별 국가의 통치권이라는 요새를 부수고 그것을 관철할 기구가 없기 때문이다. 물론 항의각서를 작성하고, 예컨대 유엔 차원에서 결의안을 의결하거나 경제 제재조치를 단행하기도 한다(물론 무시되는 경우가 많다). 최근 구 유고연방이나 르완다 등에서 자행된 심각한 인권침해를 추적하기 위한 특별위원회와 상설 국제형사재판소가 설치됨으로써 정치 권력자들이 자행한 범죄행위를 단죄할 수 있는 가능성이 마련되었다.

여기서는 그 밖의 측면, 즉 인도주의적 개입에 관해 자세히 논의하고자 한다. 이와 관련하여 가장 많이 논의되고 있으며 논란이 많은 변칙적 상황 속에서 중요시되는 문제는 가공할 방법으로 자국 민중의 인권을 손상시키는 국가에 대한 군사적 개입이다. 이것은 현대적 형태의 정의로운 전쟁이다. 정의로운 전쟁론은 고대시대로까지 거슬러가며 종교적으로 뿌리가 깊은 교의이다. 이미 플라톤은 『법률』 대화편에서, 아리스토텔레스는 『정치학』(7. 1333a)에서 미래의 평화를 위해 수행하는 전쟁이라면 정당화될 수 있다고 밝힌 바 있다. 그러나 유럽에서 정의로운 전쟁론의 원조로 평가 받는 인물은 키케로이다. 키케로에 의하면, 전쟁이 *"정당한 원인"*에 근거하고(예를 들면 불의를 막고 정의를 회복하며 악행을 행한 자를 처벌하기 위한 정당한 이유로서), 행위의 *"최후의 수단"*으로 인정된다면(전쟁을 통한 개입 이

전에 최후통첩을 해야 하며 간섭 위협을 해야 한다), 그 전쟁은 허용될 수 있다. 이외에도 합법적 권위가 행하는 전쟁 행위만이 허용될 수 있다는 주장도 있다. 결국 키케로(『의무론』, I . 34 이하)에게도 전쟁(의 행위)을 통해 이후 정의롭고 정당한 질서에 입각한 생활이 되도록 영향을 끼쳐야 한다는 제한조건이 제시되어 있다.

중세 초기 무렵, 로마제국의 법질서 붕괴와 관련한 논쟁을 통해 초기 그리스도교의 평화주의에서 벗어나기 시작했다. 아우구스티누스와 이후 토마스 아퀴나스는 특히 "정당한 원인"에 부합한 정당한 관점("동기의 정당성")을 요구하면서 정의로운 전쟁의 가능성에 주목했다. 근대로 접어들면서 살라망카 학파가 이러한 특별한 관점을 받아들였다. 이들은 스페인의 정복 행위와 아메리카의 점령이 과연 정당한지, 그 문제에 관해 논쟁하였다.(힌쉬/얀첸 2006, 55) 특히 이 논쟁에서는 정복의 구실로 삼은 "정당한 원인"에 초점이 맞춰졌다. 사실상 낯선 공동체에 대한 무력 개입은 토착 주민에 대한 만행을 막기 위한 경우에만 정당화될 수 있다는 것이다. 그렇기에 "사람들의 희생을 막기 위한 것"(힌쉬/얀첸 2006, 56)이라는 구실로 자행된 정복자들의 끔찍한 살육 행위는 결코 정당화될 수 없다고 주장한다.

이 시기에 초점의 변화가 일어나면서, 정의로운 전쟁이라는 교의는 점차 의미를 잃어갔다. 왜냐하면 전쟁 수행의 권리는 이제 주권 국가의 고유 권한으로 간주되었기 때문이다. 따라서 전쟁의 진정한 정당성은 국민국가의 이해관계라는 단순 사실 이외에는 불필요한 것처럼 보인다. 19세기 말과 20세기 초에 논란 속에 또다시 불안한 움직임이 일어났다. 정치적 흐름은 전쟁 수행을 금지하려는 노력과 전쟁 수행의 현안과 그 방법을 제한하려는 두 방향으로 나뉘었다. 그 이정표가(그리고 이후 나치 전범자를 상대로 열린 뉘른베르크 전범 재판의 연결 지점) 바로 파리에서 체결된 브리앙-켈로그 조약(1928*)이다. 이 조약에는 범죄 행위에 대한 공격 전쟁이 명시되어 있다. 물론 이 조약안은 국제법적 구속력을 갖고 있지 않다.

제2차 세계대전 이후에는 「유엔 헌장」이 제정됨으로써 국제정치의 수단으로 무력을 사용하는 것을 원천적으로 금지하는 제도가 확립되었다. 이제 무력 사용은 자기방어나 집단안보 보존을 위한 목적을 위해서만—안보리 결의를 통해—국제법적으로 허용되었다.(「유엔 헌장」 2조 2277) 따라서 회원국 내부 문제에 관한 합법적 관여는 유엔 안보리가 위협, 평화의 파괴, 도발 행동이라고 규정한 경우에만 가능하다.(「유엔 헌장」 39조) 현재 *인도주의적 개입*에 관한 논의도 이러한 맥락에서 포괄적으로 다루어지고 있다. 이와 동시에 「유엔 헌장」의 규약에 의하면 무력금지 원칙의 예외사항이 아니기 때문에, 이러한 개입이 국제법상 원칙적으로 허용될 수 없다는 견해도 확고하다. 시민 불복종과 마찬가지로 인도주의적 개입의 정당성이 있다면, 그것은 오로지 보편 도덕의 영역에 있는 기준들에 근거해야 한다. 그러나 그에 대한 법적인 근거는 없다.

인도주의적 개입을 정당화할 수 있는 근거는 대체 무엇일까? 여기서 중요한 근거는 어떤 경우에든 "극단적" 원인, 즉 수없이 인용

---

* 1928년 8월 미국 국방장관 프랭크 켈로그와 프랑스 외무장관 아리스티드 브리앙의 발기로 파리에서 15개국이 체결한 전쟁규탄 조약이다. 조약을 비준한 국가는 국제분쟁의 해결 수단이나 국제외교 수단으로 전쟁을 일으키는 것을 거부하고 포기하는 것을 기본이념으로 삼았다.

되는 '세계인권선언'(1948) 전문前文에서 밝힌, "인류의 양심을 격분 시키는" 야만적 행위일 것이다. 인도주의적 개입의 원인에는 일상적 부정의, 폭정, 폭력적 관습 행위와는 구별되는 "불화"의 또 다른 측면이 있다.(왈저 2006, 16) 예컨대 '인종 청소'라는 형태로 주민집단 전체를 조직적으로 탄압하고 몰살하는 행위도 이러한 사례이다.

그러면 인도주의적 입장에서 개입해야 하는 주체는 누구인가? 이것은 합법적 권위의 문제이기도 하다. 왈저(2006, 16)는 "능력이 있는 주체가 행하면 된다"고 간단히 정리한다. 다른 사람들은 이에 대해 다소 신중한 입장을 취하면서, 합법적 권위의 기준은 이후 질서 및 평화정착 과정에서 역할을 할 수 있느냐에 초점을 둔다.(힌쉬/ 안젠 2006, 95; 지마 1999) 국제법과 유엔 제도에 입각한 집단안보 담당 기구들이 대상이 될 수 있다. 물론 지금까지 이 기구들의 행위에 대한 법적인 근거는 아주 취약했다. 따라서 엄밀한 의미에서의 "정당한 권위"는 없으며, 인도주의적 개입은 권리침해의 원칙에 의해 이루어졌다.(지마 1999)

항상 극심한 비판으로 이어진 핵심은, 개입하는 국가의 동기와 개입의 후유증으로 인한 불안정 문제이다. 개입이 원만하게 이루어진 사례는 얼마 되지 않으며, (거의 대부분) 다른 경우에는 그렇지 못하다. 그 이유가 무엇인지 생각하면 우리는 이러한 개입의 바탕에 특히 패권 및 경제적 이해관계가 깔려 있다는 인식을 갖게 되는 경우가 많다. 인도주의적 개입의 정당성을 옹호하는 사람들은 여기서 실용적 관점을 취한다. 왈저(2006)와 세이볼트(2008)는 다른 상황에서 개입할 수 없기 때문에 이 상황에 개입한다는 논리는 거짓이라고 본다. 과도하게 도덕적·정치적 순수성 원칙을 정하는 것은 아무 의미가 없으며, 정치행위의 동기는 항상 균일하지 않다는 것이다. 개입하는 국가도 당연히 야심이 크기 때문에 이를 통해 이익을 얻는다면 당사자 모두에게 이롭다는 논리이다.(왈저 2006, 19: 브루거 1997) 세이볼트가 우려하는 것은 개입 주체의 "정당한 개입" 여부보다는 인도주의적 개입이 얼마나 성공할 가능성이 있느냐 하는 점이다. 그렇기 때문에 가능한 피해를 최소화하면서, 인도주의적 개입이 성취될 전망이 있을 때 정당성을 가질 수 있다고 본다.

개입의 목적이 달성되는 시점은 언제인가? 대량학살과 집단살육을 종식시킨 때인가? 해당 국가의 새로운 질서를 '지원'하면서 책임을 감당할 때인가? 지배 국가권력이 대학살과 집단살육 자체를 자행하지 못하게 하고 최소한 자제하게 할 수 있는 때인가? 표면 아래 잠복된 인종적·종교적 긴장이 너무 극심해 군대 철수 이후 살육이 되풀이되는 사례도 있으며, 향후 국정의 책임을 떠안을 수 있는 국가 구성이 전혀 이루어지지 않은 경우도 있을 수 있다. 전혀 기능을 담당하지 못하는 국가 기관에 주민들을 맡겨놓으면 누가 책임질 것인가? 현실에서는 예상치 못한 수많은 문제들이 잠재되어 있다. 그럼에도 불구하고 이론적으로는 이렇게 언급하고 있다. "대량학살과 인종 청소가 종식되고, 권력자가 폭정을 되풀이하는 일을 막을 수 있다면, 개입을 종결할 수 있다."(왈저 2006, 23)

(새로 들어서는) 정권이 갖춰야 할 필수적인 특질에 대해서는 어떻게 말할 수 있을까? 지금까지는 단순히 '폭압적이지 않을 것'만을 요구했다. 자유사상, 법치국가 체제 혹은 민주주의 같은 기준

들은 오히려 받아들이지 않았다. 이 문제에서 상대적 최소화 원칙 Minimalismus은 보편화라는 특성을 갖고 있다. 또한 그것은 글로벌 적 규정에 맞는 정당한 통치의 형태가 서구적 관념에 근거하고 있 다는 비판에 대해 방어하는 특성을 갖고 있다. 오히려 목표의식을 최소한의 부문에 맞춘다면, 즉각 철군撤軍을 단행할 것이다. 그러 나 새로운 정권에 대한 기대가 크면, 상응하는 계획이 아직 완수되 지 않은 상태에서의 철군 조치는 옳지 못하다는 주장이 계속 제기 될 것이다.

앞에서 언급한 내용에서 인도주의적 개입이 정당화되기 위해선 대단히 까다로운 조건이 많다는 사실을 알 수 있다. 그것이 과연 제대로 수행될 수 있을지의 문제도 제기된다. 나토NATO의 코소보 분쟁 개입 및 미국과 동맹국의 아프가니스탄 공격과 같이 실제 일 어난 사태를 둘러싼 논쟁도 격렬한 갈등을 빚었다. 어떻게 결정되 든 상황은 딜레마에 빠진다. 개입을 하면 어떻게 하든 관여해야 하 고, 무력 개입으로 인한 인명피해를 감수해야 한다. 개입하지 않으 면, (또 다른) 희생을 방치하는 결과를 낳는다. 정의의 요청을 충족 시키기 쉽지 않다.

이것은 인도주의적 개입만이 아니라 지극히 보편적인 정의의 주 제에도 적용된다. 대체 이 주제의 핵심을 어디에 두어야 하며, 어떻 게 이에 접근할 수 있을지, 모두 논란이 많은 문제이다. 우리가 살 고 있는 다원주의적·도덕적 세계에서는 지향해야 할 기준점이 그 리 많지 않다. 동시에 이것은 모든 사람의 동등한 자유, 동등하게 존중 받고 배려 받을 권리처럼 고도의 해석을 필요로 한다. 결국 우리는 정의의 요청을 하나 완수하면 곧이어 또 하나의 새로운 정의의 물음이 제기되고 있음을 깨달을 수밖에 없다. 당사자들을 포함하여 적합한 인간적 생활환경을 만들기 위한 노력을 통해 이러한 도전을 계속 받아들이는 것이 중요하다.

참고 문헌

모든 문헌들에는 책이 처음 게재된 표시된 판본 연도와 일치하지 않는 경우 원래 출판 연도를 표시하였다.

Ake, Claude (에이크): The African Context of Human Rights. (『아프리카의 인권 상황』) In: Africa Today 34 (1987).

Alexy, Robert (알렉시): Zum Begriff des Rechtsprinzips. (『법 원칙의 개념』) In: ders.: Recht, Vernunft, Diskurs: Studien zur Rechtsphilosophie. Frankfurt/M.: Suhrkamp 1995.

Anderson, Elizabeth S. (앤더슨): Warum eigentlich Gleichheit? (『어째서 평등인가?』) In: Krebs 2000.

Anscombe, Elizabeth (안스콤): Moderne Moralphilosophie. (『현대 도덕철학』) In: Grewendorf, Günther/ Meggle, Georg (Hg.): Seminar: Sprache und Ethik. Zur Entwicklung der Metaethik. Frankfurt/M.: Suhrkamp 1974 (1958).

Aristoteles (아리스토텔레스): Politik. (『정치학』) München: dtv 1973.

_ Nikomachische Ethik. (『니코마코스 윤리학』) Reinbeck bei Hamburg: Rowohlt 2006.

Arneson, Richard J. (아네슨): Gleichheit und gleiche Chancen zur Erlangung von Wohlergehen(『평등 그리고 행복을 얻을 평등한 기회』). In: Honneth 1994.

Augustinus (아우구스티누스): Vom Gottesstaat. (『신국론』) München: dtv 2007.

Austin, John (오스틴): The Province of Jurisprudence Determined. (『법리학의 범역』) Cambridge: Cambridge University 1995 (1832).

Barry, Brian (배리): Culture and Equality: An Egalitarian Critique of Multiculturalism. (『문화와 평등. 다문화주의의 평등주의적 비평』) Cambridge: Harvard University 2001.

Beauvoir, Simone de (보부아르): Das andere Geschlechte. Sitte und Sexus der Frauen. (『제2의 성. 여성과 도덕과 성』) Reinbeck bei Hamburg: Rowohlt 1968 (1949).

Bebel, August (베벨): Die Frau und der Sozialismus. (『여성과 사회주의』) Bonn: Dietz 1994 (1883).

Bentham, Jeremy (벤담): The Principles of Morals and Legislation. (『도덕과 입법의 원리』) Amherst-New York: Prometheus 1988 (1780).

Bergman, Barbara R. (버그만): In Defense of Affirmative Action (1996). (『차별철폐의 옹호』) In: Cahn 2002.

Bien, Günther (빈): Gerechtigkeit bei Aristoteles. (『아리스토텔레스의 정의』) In: Aristoteles. Nikomachische Ethik. Hg. von Otfried Höffe. Berlin: Akademie 1995.

Bielefeldt, Heiner (빌레펠트): Menschenrechte-universaler Normkonsens oder eurozentrischer Kulturimperialismus? (『인권-보편적 합의 규범인가 유럽 중심의 문화제국주의인가?』) In: Brocker, Manfred/ Nau, Heino Heinrich (Hg.): Ethnozentrismus. Möglichkeiten und Grenzen des interkulturellen Dialogs. Darmstadt: Primus 1997.

Birnbacher, Dieter (비른바허): Verantwortung für zukünftige Generationen -Reichweite und Grenzen. (『미래 세대를 위한 책임-범위와 경계』) In: Stiftung für die Rechte zukünftiger Generationen 2003.

Böckenförde, Ernst-Wolfgang (뵈켄푀르데): Staat, Gesellschaft, Freiheit. Studien zur Staatstheorie und zum Verfassungsrecht. (『국가, 사회, 자유. 국가론과 헌법에 관한 연구』) Frankfurt/M.: Suhrkamp 1976.

__ Geschichte der Rechts- und Staatsphilosophie. (『법철학과 국가철학의 역사』) Tübingen: Mohr Siebeck 2002.

Bodin, Jean (보댕): Über den Staat. (『국가론』) Stuttgart: Reclam 1986 (1576).

Brugger, Winfried (브루거): Stufen der Begründung von Menschenrechten. (『인권에 관한 근거의 단계들』). In: Der Staat 31 (1992).

Brundtland, Gro Harlem (브룬틀란): Development and International Economic Cooperation: Environment. Bericht der Generalversammlung. (『개발과 국제 경제협력: 환경. 총회 보고서』) A/3/427. 1987.

Brunkhorst, Hauke (브룬크호르스트), u.a. (Hg.): Recht auf Menschenrechte. Menschenrechte, Demokratie und internationale Politik. (『인권의 권리. 인권, 민주주의 그리고 국제정치』) 2. Aufl. Frankfurt/M.: Suhrkamp 2003.

Burmeister, Karl Heinz (부어마이스터): Olympe de Gouges. Die Rechte der Frau 1791. (『올랭프 드 구즈. 여성의 권리』) Wien-Bern: Maiz-Stämpfli 1999.

Butler, Judith (버틀러): Die Macht der Geschlechternormen und die Grenzen des Menschlichen. (『성 규범의 권력과 인간성의 경계』) Frankfurt/ M.: Suhrkamp 2009 (2004).

Cahn, Steven M. (칸) (Hg.): The Affirmative Action Debate. (『차별철폐 조치에 관한 토론』) 2. Aufl. New York-London: Routledge 2002.

Chwaszcza, Christine (차바스츠카)/ Kersting, Wolfgang (케어스팅) (Hg.): Politische Philosophie der internationalen Beziehungen. (『국제관계의 정치철학』) Frankfurt/M.: Suhrkamp 1998.

Cicero (키케로): De Officiis. Vom pflichtgemäβen Handeln. (『의무론. 의무에 적합한 행동에 관하여』) Stuttgart: Reclam 2007.

Cohen, Gerald (코헨): On the Currency of Egalitarian Justice. (『평등주의적

정의의 통용』) In: Ethics 99 (1989).

Crenshaw, Kimberlé (크렌쇼): Demarginalizing the Intersection of Race and Sex: A Black Feminist Critique of Antidiscrimination Doctrine, Feminist Theory and Antiracist Politics. (『탈주변화되는 인종과 성의 교차지점』) In: The University of Chicago Legal Forum (1989).

Demandt, Alexander (데만트): Die Idee der Gerechtigkeit bei Platon und Aristoteles. (『플라톤과 아리스토텔레스의 정의 이념』) In: Münkler/Llanque 1999.

Doblhofer, Doris (도블호퍼)/ Küng, Zita (큉): Gender Mainstreaming. Gleichstellungsmanagement als Erfolgsfaktor. (『성 주류화. 성공요인으로서의 동등지위 경영』) Heidelberg: Springer Medizin 2008.

Dworkin, Ronald (드워킨): Bürgerrechte ernstgenommen. (『법과 권리』) Frankfurt/M.: Suhrkamp 1990 (1977).

__ What is Equality? Part 2. Equality of Resources. (『평등이란 무엇인가? 2부. 자원의 평등』) In: Philosophy and Public Affairs 10 (1981).

Eisenberg, Avigail (아이젠버그)/ Spinner-Halev, Jeff (스피너 할레프) (Hg.): Minorities within Minorities: Equality, Rights and Diversity. (『소수집단 내의 소수자. 평등, 권리 그리고 다양성』) Cambridge: Cambridge University 2005.

Ekardt, Felix (에카르트): Das Prinzip Nachhaltigkeit: Generationengerechtigkeit und globale Gerechtigkeit. (『지속성의 원리. 세대 정의와 글로벌 정의』) München: Beck 2005.

Elster, Jon (엘스터): Local Justice. How Institutions Allocate Scarce Goods and Necessary Burdens. (『국지적 정의. 제도가 부족한 재화와 반드시 짊어져야 할 부담을 분배하는 방법』) New York: Russell Sage Foundation 1992.

Euchner, Walter (오이크너): Marx' Aufhebung der Gerechtigkeit in der kommunistischen Gesellschaft. (『마르크스가 생각한 공산주의 사회에서의 정의의 폐기』) In: Münkler/Llanque 1999.

Follesdal, Andreas (폴레스달)/ Pogge, Thomas (포기) (Hg.): Real World Justice. Grounds, Principles, Human Rights, and Social Institutions. (『현실세계의 정의. 토대, 원칙, 인권 그리고 사회제도』) Dordrecht: Springer 2005.

Foot, Philippa(푸트): Virtues and Vices: And Other Essays in Moral Philosophy. (『미덕과 악덕. 도덕철학의 또 다른 에세이』) Oxford: Clarendon 2002.

Forst, Rainer (포르스트): Kontexte der Gerechtigkeit. Politische Philosophie jenseits von Liberalismus und Kommunitarismus. (『정의의 배경. 자유주의와 공동체주의 너머의 정치철학』) Frankfurt/M.: Suhrkamp 1996.

Frankfurt, Harry (프랑크푸르트): Gleichheit und Achtung. (『평등과 존중』) In: Krebs 2000(1997).

Fraser, Nancy (프레이저): Die halbierte Gerechtigkeit. Schlüsselbegriffe des postindustriellen Sozialstaates. (『나누어진 정의』) Frankfurt/M.: Suhrkamp 2007

__ / Honneth, Axel (호네트): Umverteilung oder Anerkennung?: Eine politisch-philosophische Kontroverse. (『분배냐 인정이냐?』) Frankfurt/M.: Suhrkamp 2003.

Friedman, Marilyn (프리드먼): Feminismus und moderne Formen der Freundschaft: Ein andere Verortung von Gemeinschaft. (『페미니즘과 우애의 현대적 형태』) In: Honneth 1994.

Fullinwider, Robert (펄린위더): Umgekehrte Diskriminierung und Chancengleichheit (1986). (『역차별과 기회의 평등』) In: Rössler 1993.

Geras, Norman (제라스): The Controversy about Marx and Justice. (『마르크스와 정의에 관한 논쟁』) New Left Review I /150 (1985).

Gilligan, Carol (길리건): Die andere Stimme. Lebenskonflikte und Moral der Frau. (『다른 목소리로』) München: Piper 1982.

Gosepath, Stefan (고제파트): Gleiche Gerechtigkeit. Grundlagen eines liberalen Egalitarismus. (『평등한 정의』) Frankfurt/M.: Suhrkamp 2004.

Habermas, Jürgen (하버마스): Die Einbeziehung des Anderen. Studien zur politischen Theorie. (『타자의 포괄. 정치이론 연구』) Frankfurt/M.: Suhrkamp 1996.

__ Der interkulturelle Diskurs über Menschenrechte. (『상호문화적 인권 담론』) In: Brunkhorst 2003.

Hart, H. L. A. (하트): Der Begriff des Rechts. (『권리의 개념』) Frankfurt/M.: Suhrkamp 1973 (1961).

Hayek, Friedrich August von (하이에크): Die Anmaβung von Wissen. (『지식의 월권』) Tübingen: Mohr Siebeck 1996.

Hinsch, Wilfried (힌쉬)/ Janssen, Dieter (얀젠): Menschenrechte militärisch schützen: Ein Plädoyer für humanitäre Interventionen. (『무력을 통한 인권 보호』) München: Beck 2006.

Hobbes, Thomas (홉스): Leviathan oder Stoff, Form und Gewalt eines kirchlichen und bürgerlichen Staates. (『리바이어던』) Frankfurt/M.: Suhrkamp 1966 (1651).

Höffe, Otfried (회페): Politische Gerechtigkeit: Grundlegung einer kritischen Philosophie von Recht und Staat. (『정치적 정의』) Frankfurt/M.: Suhrkamp 2002.

__ Gerechtigkeit: Eine philosophische Einführung. (『정의』) 3. Aufl. München: Beck 2007.

__ Vision Weltrepublik. (『세계공화국 비전』) Eine philosophische Antwort auf die Globalisierung. In: Brugger, Winfried u.a.(Hg.): Rechtsphilosophie im 21. Jahrhundert. Frankfurt/M.: Suhrkamp 2008.

Holzleithner, Elisabeth (홀츠라이트너): Kein Fortschritt in der Liebe?

Gerechtigkeit und Anerkennung in Nahbeziehungen. (『사랑하는 관계에서 진보는 없는가?』) In: Koller 2001.

__ Herausforderungen des Rechts in multikulturellen Gesellschaften. Zwischen individueller Autonomie und Gruppenrechten. (『다문화 사회에서의 권리의 도전』) In: Sauer/ Strasser 2008 (2008a).

__ Gendergleichheit und Mehrfachdiskriminierung: Herausforderungen für das Europarecht. (『성 평등과 다각적 차별』) In: Arioli, Kathrin, u.a. (Hg.): Wandel der Geschlechterverhältnisse durch Recht? Zürich-St. Gallen: Dike 2008 (2008b).

__ Geschlecht und Identität im Rechsdiskurs. (『권리 담론에서의 성과 정체성』) In: Rudolf, Beate(Hg.): Geschlecht im Recht. Eine fortbestehende Herausforderung. Göttingen: Wallenstein 2009.

Honneth, Axel (호네트) (Hg.): Kommunitarismus-Eine Debatte über die moralischen Grundlagen moderner Gesellschaften. (『공동체주의-현대사회의 도덕적 토대에 관한 논쟁』) Frankfurt/M.: Campus 1993.

__ (Hg.): Pathologien des Sozialen: Die Aufgaben der Sozialphilosophie. (『사회 병리학. 사회철학의 과제』) Frankfurt/M.: Fischer 1994.

Horn, Christoph (호른)/ Scarano, Nico (스카라노) (Hg.): Philosophie der Gerechtigkeit: Texte von der Antike bis zur Gegenwart. (『정의의 철학』) Frankfurt/M.: Suhrkamp 2002.

Hume, David (흄): Über Moral. (『도덕론』) Frankfurt/M.: Suhrkamp 2007 (1740).

__ Eine Untersuchung über die Prinzipien der Moral. (『도덕 원리에 관한 탐구』) Stuttgart: Reclam 1984 (1751).

Hursthouse, Rosalind (허스트하우스) (Hg.): Ethics, Humans and Other Animals. An introduction with readings. (『윤리, 인간 그리고 다른 동물들』) New York-London: Routledge 2000.

Jestaedt, Mathias (예슈테트): Einführung. (『머리말』) In: Kelsen 2008.

Kant, Immanuel (칸트): Grundlegung zur Metaphysik der Sitten. (『도덕 형이상학의 기초』) Werke Bd. Ⅶ. Frankfurt/M.: Suhrkamp 1977 (1785/86).

__ Was ist Aufklärung? (『계몽이란 무엇인가?』) Werke Bd. Ⅸ. Frankfurt/M.: Suhrkamp 1977 (1784).

__ Über den Gemeinspruch: Das mag in der Theorie richtig sein, taugt aber nicht für die Praxis. (『속설에 대하여: 이론에서는 옳을지 모르지만, 실천을 위해서는 쓸모없는 것』) Werke Bd. Ⅸ. Frankfurt/M.: Suhrkamp 1977 (1793).

Kelsen, Hans (켈젠): Reine Rechtslehre: Einleitung in die rechtswissenschaftliche Problematik. (『순수 법이론』) Tübingen: Mohr Siebeck 2008 (1934).

Kersting, Wolfgang (케어스팅): Einleitung: Die Begründung der politischen Philosophie der Neuzeit im Leviathan. (『서문. 리바이어던에 나타난 근대의

정치철학의 논증』) In: Ders. (Hg.): Thomas Hobbes. Leviathan: oder Stoff, Form und Gewalt eines bürgerlichen und kirchlichen Staates. Berlin: Akademie 1996.

_ Einleitung: Probleme der politischen Philosophie der internationalen Beziehungen. (『서문. 국제관계의 정치철학적 문제들』). In: Chawaszcza/ Kersting 1998.

_ Einleitung: Probleme der politischen Philosophie des Sozialstaats. (『서문. 복지국가의 정치철학적 문제들』) In: Ders. (Hg.): Politische Philosophie des Sozialstaats. Weilerwist: Velbrück 2000a.

_ Gerechtigkeitsprobleme sozialstaatlicher Gesundheitsversorgung. (『복지국가의 의료서비스에서의 정의의 문제들』) In: Ders. (Hg.): Politische Philosophie des Sozialstaats. Weilerwist: Velbrück 2000b.

Klinger, Cornelia (클링어)/ Knapp, Gudrun-Axeli (크납) (Hg.): Achsen der Ungleichheit. Zum Verhältnis von Klasse, Geschlecht und Ethnizität. (『불평등의 축』) Frankfurt/M.: Campus 2007.

Kluge, Friedrich (클루게) (Hg.): Etymologisches Wörterbuch der deutschen Sprache. (『독일어 어원 사전』) 24. Aufl. Berlin-New York: de Gruyter 2002.

Koch, Hans-Joachim (코흐) (Hg.): Theorien der Gerechtigkeit. (『정의론』) ARSP Beiheft 56. Stuttgart: Steiner 1994.

Koller, Peter (콜러) (Hg.): Gerechtigkeit im politischen Diskurs der Gegenwart. (『현대의 정치적 담론에서의 정의』) Wien: Passagen 2001.

Krebs, Angelika (크렙스) (Hg.): Gleichheit oder Gerechtigkeit. Texte der neuen Egalitarismuskritik. (『평등이냐 정의냐』) Frankfurt/M.: Suhrkamp 2000.

_ Arbeit und Liebe. Die philosophischen Grundlagen sozialer Gerechtigkeit. (『노동과 사랑』) Frankfurt/M.: Suhrkamp 2002.

Kukathas, Chandran (쿠카타스): Cultural Toleration. (『문화적 관용』) In: Shapiro, Ian/ Kymlicka, Will: Ethnicity and Group Rights. New York-London: New York University 1997.

Kymlicka, Will (킴리카): Multicultural Citizenship: A Liberal Theory of Minority Rights. (『다문화적 시민윤리』) Oxford: Oxford University 1995.

Lampe, Ernst-Joachim (람페): Strafphilosophie. Studien zur Strafgerechtigkeit. (『형벌의 철학. 형벌정의의 연구』) Köln u.a.: Heymanns 1999.

Larmore, Charles E. (라모어): Patterns of Moral Complexity. (『도덕적 복합성의 유형』) Cambridge u.a.: Cambridge University 1987.

Leist, Anton (라이스트): Intergenerationelle Gerechtigkeit. (『세대 간 정의』) In: Bayertz, Kurt (Hg.): Praktische Philosophie. (『실천철학』) Reinbeck bei Hamburg: Rowohlt 1991.

Liebig, Stefan (리비히)/ Lengfeld, Holger (렝펠트) (Hg.): Interdisziplinäre

Gerechtigkeitsforschung. Zur Verknüpfung empirischer und normativer Perspektiven. (『학제간 정의 연구』) Frankfurt/M.: Campus 2002.

Locke, John (로크): Zwei Abhandlungen über die Regierung. (『정부에 관한 두 논문』) Frankfurt/M.: Suhrkamp 1977 (1690).

Lohmann, Georg (로흐만): Soziale Gerechtigkeit und soziokulturelle Selbstdeutungen. Relativismus bei Marx, Walzer und Rawls. (『사회정의와 사회문화적 자기의미』) In: Koch 1994.

Luf, Gerhard (루프): Freiheit als Rechtsprinzip. Rechtsphilosophische Aufsätze. (『법 원리로서의 자유』) Wien: facultas.wuv 2008.

Lukes, Steven (루크스): Fünf Fabeln über Menschenrechte. (『인권에 관한 다 섯 우화』) In: Shute/ Hurley 1996.

Lutz-Bachmann, Mathias (루츠 바흐만): "Weltstaatlichkeit" und Menschenrechte nach dem Ende des überlieferten "Nationalstaats". (『기 존의 '민족국가' 개념의 종결 이후의 '세계국가'와 인권』) In: Brunkhorst u.a. 2003.

_ The Discovery of a Normative Theory of Justice in Medieval Philosophy: on the Reception and Further Development of Aristotle's Theory of Justice by St. Thomas Aquinas. (『중세철학에 나타난 규범적 정의론의 발견』) In: Medieval Philosophy and Theology 9 (2000).

_ / Bohman, James (보먼): Weltstaat oder Staatenwelt? Für und wider die Idee einer Weltrepublik. (『세계국가인가 국가세계인가?』) Frankfurt/M.: Suhrkamp 2002.

MacKinnon, Catharine A. (매키넌): Geschlechtergleichheit: Über Differenz und Herrschaft (1989). (『성 정의: 차이와 지배』) In: Nagl-Docekal/ Pauer-Studer 1993.

Maier, Eva Maria (마이어): Theologie und Politische Vernunft. Entwicklungslinien republikanischer Politik bei Aristoteles und Thomas von Aquin. (『신학과 정치적 이성』) Baden-Baden: Nomos 2002.

_ Haben Tiere Rechte? Tierethik in der Konsumgesellschaft. (『동물도 권 리가 있는가?』) In: Wagner, Christoph, u.a. (Hg.): Gewissens-Bissen. Tierethik und Esskultur. Innsbruck: Loewenzahn 2008.

Margalit, Avishai (마갤릿)/ Halbertal, Moshe (할버탈): Liberalism and the Right to Culture. (『자유주의와 문화의 권리』) Social Research 61 (1994).

Marx, Karl (마르크스): Randglossen zum Programm der Deutschen Arbeiterpartei. (『독일 노동자 정당 강령에 대한 평주』) Gekürzt abgedruckt. In: Horn/ Scarano 2002 (1891).

Mill, John Stuart (밀): Über die Freiheit. (『자유론』) Stuttgart: Reclam 1974 (1859).

_ Der Utilitarismus. (『공리주의』) Stuttgart: Reclam 1976 (1863).

_ / Mill, Harriet Taylor (테일러 밀): Die Hörigkeit der Frau. (『여성의 예속』)

Frankfurt/M.: Helmer 1991 (1869).

Miller, David (밀러): Grundsätze sozialer Gerechtigkeit. (『사회정의의 원칙』) Frankfurt/M.-New York: Campus 2008 (1999).

Möhring-Hesse, Matthias (뫼링 헤세) (Hg.): Streit um die Gerechtigkeit. Themen und Kontroversen im gegenwärtigen Gerechtigkeitsdiskurs. (『정의를 위한 투쟁』) Schwalbach/Ts.: Wochenschau 2005.

___ Einführung. (『머리말』) In: Ders. 2005 (20005a).

Moore, Barrington (무어): Ungerechtigkeit. Die sozialen Ursachen von Unterordnung und Widerstand. (『부정의. 종속과 저항의 사회적 원인』) Frankfurt/M.: Suhrkamp 1987 (1978).

Münkler, Herfried (뮌클러)/ Llangque, Marcus (르란케) (Hg.): Konzeptionen der Gerechtigkeit. Kulturvergleich-Ideengeschichte-Moderne Debatte. (『정의의 개념』) Baden-Baden: Nomos 1999.

Nagel, Thomas (네이글): Bevorzugung gegen Benachteiligung? (『불이익에 맞선 우대?』) In: Rössler 1993 (1973).

Nagl-Docekal, Herta (나글 도체칼)/ Pauer-Studer, Herlinde (파우어 스튜더) (Hg.): Jenseits der Geschlechtermoral. Beiträge zur feministischen Ethik. (『성 규범을 넘어서』) Frankfurt/M.: Fischer 1993.

___ (Hg.): Politische Theorie. Differenz und Lebensqualität. (『정치론』) Frankfurt/M.: Suhrkamp 1996.

Nozick, Robert (노직): Anarchie, Staat und Utopie. (『무정부, 국가 그리고 유토피아』) München: Olzog 2006 (1974).

Nussbaum, Martha (누스바움): Gerechtigkeit oder Das gute Leben. (『정의 혹은 선한 삶』) Frankfurt/M.: Suhrkamp 1999.

Okin, Susan Moller (오킨): Justice, Gender, and the Family. (『정의, 젠더 그리고 가정』) Basic 1991.

___ Is Multiculturalism Bad for Women. (『다문화주의는 여성에게 불리한가?』) Princeton: Princeton University 1999.

___ "Mistresses Of Their Own Destiny": Group Rights, Gender and Realistic Rights of Exit.(『자기 운명의 주인』) Ethics 112 (2002).

O'Neil, Onora (오닐): Justice and Boundaries. (『정의와 경계』) In: Chawaszcza/ Kersting 1998.

Otto, Konrad (오토): Grundlinien einer Theorie "starker" Nachhaltigkeit. (『"강력한" 지속성 이론의 기본』) In: Möhring-Hesse 2005.

Pauer-Studer, Herlinde (파우어 스튜더): Einführung in die Ethik. (『윤리학 입문』) Wien: facultas.wuv 2003.

Phillips, Anne (필립스): Which Equalities Matter? (『어떤 평등을 고려해야 하나?』) Cambridge u.a.: Polity 1999.

Pieper, Josef (피퍼): Über die Tugenden. Klugheit, Gerechtigkeit, Tapferkeit, Ma β. (『덕목에 관하여. 지혜, 정의, 용기, 중용』) 2. Aufl.

München: Kösel 2004.

Platon (플라톤): Nomoi. (『법률』) Frankfurt/M.: Insel 1991.

_ Gorgias. (『고르기아스』) Stuttgart: Reclam 1998.

_ Der Staat(Politeia). (『국가』) Düsseldorf u.a.: Artemis&Winkler 2000.

Pogge, Thomas (포기)/ Moellendorf, Darrel (묄렌도르프) (Hg.).: Global Justice. Seminal Essays. (『글로벌 정의』) Global Responsibilities Volume I. St. Paul: Paragon 2008.

Radbruch, Gustav (라드브루흐): Der Relativismus in der Rechtsphilosophie. (『법철학에서의 상대주의』) In: Horn/ Scarano 2002 (1934).

_ Fünf Minuten Rechtsphilosophie. (『5분 법철학』) In: ders.: Rechtsphilosophie. Hg. von Ralf Dreier und Stanley L. Paulson. Heidelberg: Müller 1999 (1945).

Rawls, John (롤스): Eine Theorie der Gerechtigkeit. (『정의론』) Frankfurt/M.: Suhrkamp 1979 (1971).

_ Social Unity and Primary Goods. (『사회통합과 기본재』) In: Sen/ Williams 1982.

_ Die Idee des politischen Liberalismus. Aufsätze 1978-1989. (『정치적 자유주의의 이념』) Hg. v. Winfried Hinsch. Frankfurt/M.: Suhrkamp 1994.

_ Das Recht der Völker. (『민중의 권리』) Berlin-New York: de Gruyter 2002 (1999).

_ Gerechtigkeit als Fairneβ. Ein Neuentwurf. (『공정으로서의 정의』) Frankfurt/M.: Suhrkamp 2003 (2001).

Reuter, Hans-Richard (로이터): Der "Generationenvertrag" in der Konkurrenz der Gerechtigkeitsvorstellungen. (『정의 관념을 둘러싼 경쟁 속에서의 "세대협약"』) In: Möhring-Hesse 2005.

Rössler, Beate (뢰슬러) (Hg.): Quotierung und Gerechtigkeit. Eine moralphilosophische Kontroverse. (『쿼터 규정과 정의』) Frankfurt/M.: Campus 1993.

_ Quotierung und Gerechtigkeit: Ein Überblick über die Debatee. (『쿼터 규정과 정의』) In: dies. 1993 (1993a).

_ Der Wert des Privaten. (『사적인 것의 가치』) Frankfurt/M.: Suhrkamp 2001.

Rottleuthner, Hubert (로틀레너): Gerechtigkeit bei und nach Marx. (『마르크스와 그 이후의 정의』) In: Koch 1994.

Rousseau, Jean-Jacques (루소): Vom Gesellschaftsvertrag oder Grundsätze des Saatsrechts. (『사회계약론』) Stuttgart: Reclam 1977 (1754).

Sandel, Michael (샌델): Liberalism and the Limits of Justice. (『자유주의와 정의의 한계』) Cambridge u.a.: Cambridge University 1982.

Sauer, Birgit (자우어)/ Strasser, Sabine (슈트라서)(Hg.): Zwangsfreiheiten:

Multikulturalismus und Feminismus. (『강압으로부터의 자유. 다문화주의와 페미니즘』) Wien: Promedia 2008.

Schöne-Seifert, Bettina (쇠네 자이페르트), u.a. (Hg.): Gerecht behandelt? Rationierung und Priorisierung im Gesundheitswesen. (『정당한 대우? 의료 보건제도의 합리화와 우선순위』) Paderborn: Mentis 2006.

Selznick, Philip (셀즈닉): The Idea of a Communitarian Morality. (『공동체적 도덕성의 이상』) California Law Review 75 (1987).

Sen, Amartya (센): Equality of What? (『무엇의 평등인가?』). In: The Tanner Lecture on Human Values. Vol. I. Cambridge: Cambridge University 1980.

__ / William, Bernard (윌리엄) (Hg.): Utilitarianism and Beyond. (『공리주의와 그 넘어』) Cambridge u.a.: Cambridge University 1982.

Seybolt, Taylor B. (세이볼트): Humanitarian Military Intervention: The Conditions for Success and Failure. (『인도주의적인 무력 개입. 성공과 실패의 조건』) Oxford-New York: Oxford University 2008.

Shachar, Ayelet (샤하르): Multicultural Jurisdictions: Cultural Differences and Women's Rights. (『다문화주의 영역. 문화적 차이와 여성의 인권』) Cambridge: Cambridge University 2001.

Shklar, Judith (슈클라): Ordinary Vices. (『일상의 악덕』) Cambridge-London: Belknap-Havard University 1984.

__ Über Ungerechtigkeit. Erkundungen zu einem moralischen Gefühl. (『부정의에 관하여』) Frankfurt/M.: Fischer 1997 (1990).

Shute, Stephen (슈트)/ Hurley, Susan (헐리) (Hg.): Die Idee der Menschenrechte. (『인권의 이념』) Frankfurt/M.: Fischer 1996.

Simma, Bruno (지마): NATO, the UN and the Use of Force: Legal Aspects. (『나토, 유엔 그리고 무력 사용』) In: European Journal of International Law 10 (1999).

Somek, Alexander (소멕): Rechte und Quoten: Eine Probe aufs Exempel von Fremden und Frauen. (『권리와 쿼터』) Archiv für Recht und Sozialphilosophie 83 (1997).

__ Einwanderung und soziale Gerechtigkeit. (『이주와 사회정의』). In: Chwaszcza/ Kersting 1998.

Sophokles (소포클레스): Antigone. (『안티고네』) Frankfurt/M.: Insel 1974.

Stiftung für die Rechte Zukünftiger Generationen (미래 세대의 권리를 위한 재단) (Hg.): Handbuch Generationengerechtigkeit. (『세대 정의 편람』) Bearb. von Jörg Tremmel 2., überarbeitete Aufl. München: ökom 2003.

Stone, Isidor (스톤): Der Prozess gegen Sokrates. (『소크라테스 재판』) Wien-Darmstadt: Zsolnay 1990.

Stourzh, Gerald (스투르즈): Wege zur Grundrechtsdemokratie. Studien zur Begriffs- und Institutionengeschichte des liberalen Verfassungsstaates.

(『기본권 민주주의의 과정』) Wien-Köln: Böhlau 1989.

Taylor, Charles (테일러): Aneinander vorbei: Die Debatte zwischen Liberalismus und Kommunitarismus. (『자유주의와 공동체주의 간의 논쟁』) In: Honneth 1993.

Thomas von Aquin (토마스 아퀴나스): Summa Theologiae II-II. (『신학대전』 II-II) In: Horn/ Scarano 2002.

Thomson, Judith Jarvis (톰슨): Bevorzugung auf dem Arbeitsmarkt. (『노동 시장에서의 우대』) In: Rössler 1993 (1973).

Van Parijs, Philippe (반파레이스): Why Surfers Should Be Fed. The Liberal Case for an Unconditional Basic Income. (『서퍼에게도 식량을 주어야 하는 이유』) In: Philosophy and Public Affairs 20 (1991).

Vereinte Nationen (유엔): Satzung der Vereinten Nationen vom 26. Juni 1945. (「유엔 헌장」 1945. 6.) (San Francisco)

__ Resolution A/41/128 der Generalversammlung der Vereinten Nationen zum Recht auf Entwicklung vom 4. Dezember 1986 (Declaration on the Right to Development). [「발전의 권리에 관한 유엔총회 결의사항」(발전의 권리 선언) 1986. 12.]

Wallner, Jürgen (발너): Ethik im Gesundheitssystem. (『보건제도에서의 윤리』) Wien: facultas.wuv 2004.

Walzer, Michael (왈저): The Distribution of Membership. (『공동체 정신의 공유』) In: Pogge/ Moellendorf 2008 (1981).

__ Sphären der Gerechtigkeit: Ein Plädoyer für Pluralität und Gleichheit. (『정의의 영역』) Frankfurt/M.-New York: Campus 2006 (1983).

__ Die Debatte um humanitäre Interventionen. (『인도주의적 개입을 둘러싼 논쟁』) In: polylog 16 (2006).

Wesel, Uwe (베젤): Geschichte des Rechts. Von den Frühformen bis zum Vertrag von Maastricht. (『권리의 역사』) München: Beck 1997.

Williams, Melissa S. (윌리엄스)/ Macedo, Stephen (마케도): Political Exclusion and Domination. (『정치적 배제와 지배』) New York-London: New York University 2005.

Young, Iris Marion (영): Humanismus, Gynozentrismus und feministische Politik. (『휴머니즘, 여성중심주의 그리고 페미니즘』) In: List, Elisabeth/ Stuber, Herlinde (Hg.): Denkverhältnisse. Feminismus und Kritik. Frankfurt/M.: Suhrkamp 1989 (1985).

__ Structural injustice and the politics of difference. (『구조적 부정의와 정치적 차이』) In: Laden, Anthony Simon/ Owen, David (Hg.): Multiculturalism and Political Theory. Cambridge: Cambridge University 2007.

인명 색인